Deutsch im Alpha-Kurs

Anja Böttinger

Schritte plus

Alpha
kompakt
Kursbuch

Hueber Verlag

Beratung:
PD Dr. habil. Marion Grein, Johannes Gutenberg-Universität Mainz,
Modulverantwortliche für Deutsch als Zweitsprache/Alphabetisierung

Für ihre hilfreichen Hinweise danken wir:
Gisela Böllert, Volkshochschule Duisburg, Fachbereichsleitung Alphabetisierung/DaZ
Marisa Fritzenwallner, Goethe-Institut Thailand, Alpha-Kursleiterin
Klara Menzel-Schmeer, Volkshochschule Moers, Alpha-Kursleiterin
Renate Schiefer, Münchner Volkshochschule, Alpha-Kursleiterin und -fortbildnerin
Dr. Ulrich Steuten, Volkshochschule Moers, Fachbereichsleitung Alphabetisierung;
Vorstandsmitglied des Bundesverbands Alphabetisierung und Grundbildung e.V.

Lehrerhandbuch (kostenfrei verfügbar unter www.hueber.de/schritte-plus-alpha-kompakt)
Anja Böttinger

Piktogramme:

Lesen Sie.   Schreiben Sie.

Hören Sie.   Suchen Sie.

Sprechen Sie.   Partnerarbeit

8. 7. 6.   Die letzten Ziffern
2029 28 27 26 25   bezeichnen Zahl und Jahr des Druckes.
Alle Drucke dieser Auflage können, da unverändert, nebeneinander benutzt werden.
1. Auflage
© 2016 Hueber Verlag GmbH & Co. KG, München, Deutschland
Umschlaggestaltung: Sieveking Agentur, München
Layout und Satz: Sieveking Agentur, München
Redaktion: Andrea Haubfleisch und Karin Ritter, Hueber Verlag, München
GPSR-Kontakt: Hueber Verlag GmbH & Co. KG, Baubergerstraße 30, 80992 München,
kundenservice@hueber.de
Druck und Bindung: PASSAVIA – Druckservice GmbH & Co. KG, Medienstraße 5b,
94036 Passau, info@passavia.de
Printed in Germany
ISBN 978–3–19–011452–8

Art. 530_23437_001_06

Vorwort

Liebe Leserinnen, liebe Leser,

Schritte plus Alpha kompakt ist ein Lehrwerk, das Alphabetisierung und Vermittlung von Deutschkenntnissen miteinander vereint.

Es ist für Lernende in Alphabetisierungskursen im In- und Ausland konzipiert und richtet sich vor allem an Zweitschriftlernende, aber auch an primäre und funktionale Analphabeten.

Schritte plus Alpha kompakt entspricht dem *Konzept für einen bundesweiten Alphabetisierungskurs* des Bundesamts für Migration und Flüchtlinge. Neben der Förderung der schriftsprachlichen und kommunikativen Kompetenz ist ein weiteres Ziel, Lernfortschritte sichtbar zu machen, das Selbstbewusstsein der Lernenden zu stärken und so Voraussetzungen für nachhaltiges und zunehmend selbstständiges Lernen zu schaffen. *Schritte plus Alpha kompakt* bereitet außerdem in kleinen Schritten auf das Arbeiten mit Deutsch-als-Zweitsprache-Lehrwerken, insbesondere mit *Schritte plus neu*, vor.

Zum Kursbuch gibt es

- die kostenlose *Hueber Media*-App mit allen Hörtexten zum Buch.
- 2 Audio-CDs (ISBN 978–3–19–021452–5) mit allen Hörtexten zum Buch.
- ein Lehrerhandbuch, das im Lehrwerkservice als kostenfreier Download zur Verfügung steht.
- einen Lehrwerkservice mit ergänzenden Materialien wie z. B. den Kopiervorlagen für die Bildkarten unter: www.hueber.de/ schritte-plus-alpha-kompakt.

Aufbau

Jede der sechzehn Lektionen besteht aus einer kommunikativen Einstiegsseite, gefolgt von Alphabetisierungs- und Sprachseiten.

Einstiegsseite: Die Einstiegsillustration bietet einen thematischen Sprechanlass. Das Vorwissen der Lernenden wird aktiviert und der Lektionswortschatz („Neue Wörter") semantisiert, der am Ende der Lektion gelesen und geschrieben werden kann. Der Info-Kasten auf der Einstiegsseite zeigt mit den „Neuen Wörtern" die schriftsprachliche Zielsetzung der Lektion, die „Redemittel" fassen den kommunikativen Inhalt der Sprachseite zusammen.

Alphabetisierungsseiten: *Schritte plus Alpha kompakt* führt das gesamte Alphabet, die Umlaute und wichtige Buchstabengruppen ein. Je drei Anlautbilder helfen dabei, eine Verknüpfung zwischen Wort, Laut und Buchstabe herzustellen. Unter den Bildern werden die dazugehörigen Buchstaben präsentiert und für Schreibübungen verwendet. Es folgen Differenzierungsübungen zum Unterscheiden ähnlicher Buchstaben. Die eingeführten Buchstaben/Laute werden sehr schnell zu Silben und zu einfachen Wörtern synthetisiert. Die Alphabetisierungsseiten bieten außerdem vielfältige Übungen – zum Abschreiben, zum bewussten Schreiben in Verbindung mit Hörübungen, außerdem Ergänzungsübungen und (Bild-) Diktate, aber auch Aufgaben zum freien Schreiben wie zum Beispiel Assoziogramme.

Sprachseite: Hier werden die Redemittel der Lektion präsentiert und im Anschluss durch kommunikative Übungen gesichert und automatisiert. Die induktive Vorgehensweise ersetzt explizite Grammatikerklärungen.

Weitere Informationen zu Konzept und Methodik sowie praktische Tipps zu den einzelnen Lektionen finden Sie im Lehrerhandbuch unter www.hueber.de/schritte-plus-alpha-kompakt.

Viel Erfolg und viel Spaß mit *Schritte plus Alpha kompakt* wünschen Ihnen
Autorin und Verlag

Inhalt

1 | Sprechen Sie.

2 | Wie heißen Sie? Schreiben Sie.
Machen Sie auch ein Namensschild für den Kurs.
Ihre Kursleiterin / Ihr Kursleiter hilft.

Das können Sie sagen:		
• Guten Tag. / Hallo.	• Wie heißen Sie? – Ich heiße …	• Woher kommen Sie? – Ich komme aus …

3 | Schreiben Sie mit verschiedenen Stiften auf ein Blatt Papier.

4a | Schreiben Sie.

4b | Schreiben Sie auf der Linie.

A...

A...

A...

CD 1/1

5 | Hören Sie und zeigen Sie auf die Bilder.  CD 1/1

6 | Schreiben Sie.

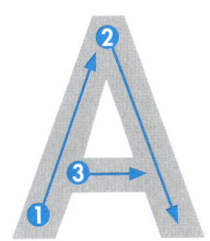 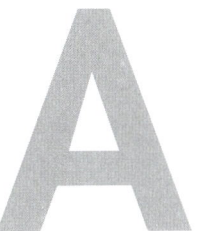  

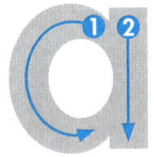   

7 | Schreiben Sie.

A A A

a a a

A a A a

Schon fertig? Suchen Sie A a. 🔍

I Ⓐ – C / a O / \ A C Ɔ – a

\ O a C / A I C – a O –\ A

Nn **A** B C D E F G H I J K L M **N** O P Q R S T U V W X Y Z

 N...

 N...

 N...

CD 1/2

8 | Schreiben Sie.

9 | Schreiben Sie.

N N N

n n n

Nn Nn

AN AN

an an

Schon fertig? Suchen Sie N n. 🔍

I C Ⓝ / O – n \ N I O Ɔ n /

E...

E...

E...

CD 1/3

10 | Schreiben Sie. ✏️

E E E E E E   E E E E
E E E E E E   E E E E

e e e e e e   e e e e
  e e e e
e e e e e e   e e e e

11 | Schreiben Sie. ✏️

E   E E

e   e e

E e   E e

E A N   E A N

e a n   e a n

12 | Suchen Sie E e. 🔍

Ⓔ A N a e A n e E a n   N E a n e N A e n A E

13 | Ordnen Sie zu und schreiben Sie.

E   a   _____   n   A   _____

A   n   _____   e   N   _____

N   e   Ee   a   E   _____

14 | Lesen Sie.

A N E A E N   e a e n a n a

N a E n A e N   n a E N e A e

15 | Lesen Sie.

N A   N A

N E   N E

A N   A N

n a   na

n e   ne

a n   an

16 | Lesen Sie.

N A   N E   Na   Ne

ne   na   na   ne

Ne   en   ne   En

na   an   na   an

En   An   en   an

Na   An   Ne   En

Schon fertig? Lesen Sie.

ne ne   nene

en na   enna

an an   anan

Schon fertig? Suchen Sie Aa, Nn und Ee.

Mein Name ist Anna.

Ich komme aus Russland.

A B C D **E** F G H I J K L M **N** O P Q R S T U V W X Y Z

17 | Was ist gleich? Suchen Sie.

(Na) An (Na)   An En An   na ne ne

Ne Ne Na   An En En   en en an

18 | Schreiben Sie. ✏️

Na Na

Ne Ne

An An

En En

19 | Lesen Sie und schreiben Sie. 📖 ✏️

Ne͡na   Nena   Nena

An͡ne   Anne   _____

Na͡na   Nana   _____

An͡na   Anna   _____

Schon fertig? ✏️
Mit welchem Buchstaben beginnt das Wort?

E _ _ _ _ _   A _ _ _ _ _

20 a | Wie heißen die Frauen? Hören Sie und schreiben Sie.   CD 1/4–5

 N _____

 A _____

20 b | Woher kommen die Frauen?
Hören Sie und sprechen Sie.  CD 1/6–7

20 c | Hören Sie und sprechen Sie nach. CD 1/8–9

21 | Klassenspaziergang: Fragen Sie und antworten Sie.

Guten Tag.
Wie heißen Sie?

Ich heiße …

Woher
kommen Sie?

Ich komme
aus …

1 | Was sagt der Mann? Sprechen Sie. 💬

Neue Wörter: Mama, Papa, Oma, Opa, Tante

Das können Sie sagen:
- Wer ist das?
- Das ist meine Familie.
- Das ist meine Frau / Tochter / Mutter / Schwester. Sie heißt …
- Das ist mein Mann / Sohn / Vater. Er heißt …

Mm **A** B C D **E** F G H I J K L **M N** O P Q R S T U V W X Y Z

M... 	M... 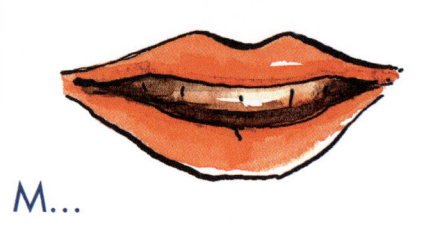	M... 

CD 1/10

2 | Schreiben Sie.

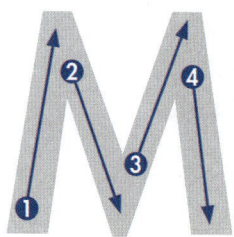 

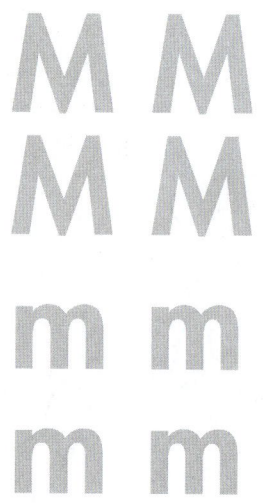 

3 | Schreiben Sie.

M M M

m m m

Mm Mm

ME ME

me me

4 | Suchen Sie M m. 🔍

A e M E N m n a e M   M e A m N M a n M e m

P...

P...

P...

CD 1/11

5 | Schreiben Sie. ✏️

P P   P P P P   P P P P
       P P P P   P P P P

p p   p p p p   p p p p
       p p p p   p p p p

6 | Schreiben Sie. ✏️

P P P

p p p

P p P p

P M P M

p m p m

7 | Suchen Sie P p. 🔍

Ⓟ P a m p e E P P M e p   N A p n E m A P a n p

Tt **A** B C **D** E F G H I J K L **M N** O **P** Q R **S T** U V W X Y Z

T...

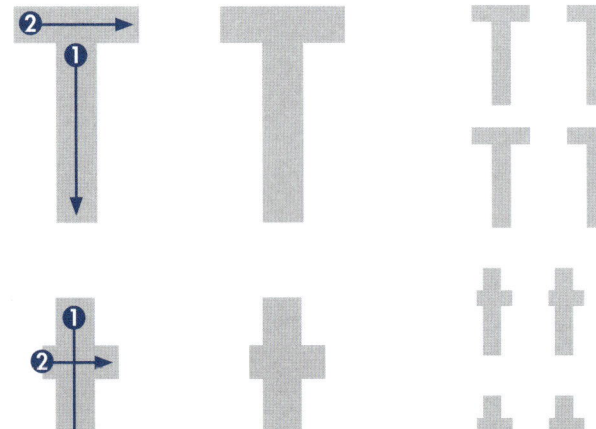

T...

T...

CD 1/12

8 | Schreiben Sie. ✎

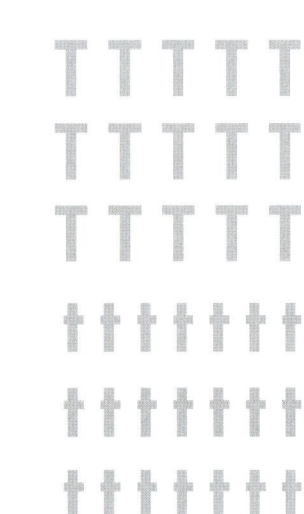

9 | Schreiben Sie. ✎

10 | Suchen Sie T t. 🔍

P e (t) t M A n T p m t

a n N T p t E M p T a

Schon fertig? ✎
Mit welchem Buchstaben beginnt das Wort?

M ___ ___ ___ ___

A B C D **E** F G H I J K L **M N O P** Q R **S** T U V W X Y Z   Oo

 O… 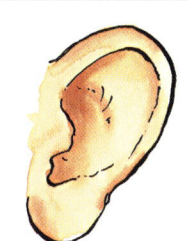 O…  O…

CD 1/13

11 | Schreiben Sie.

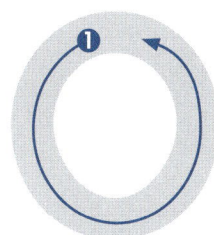

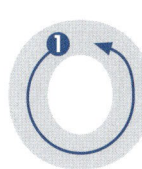

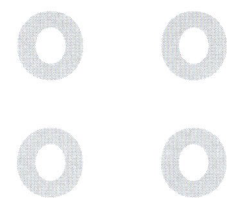

12 | Schreiben Sie.

13 | Suchen Sie O o. 🔍

O P o a t n e o m O N

T p o M n a o E O t p

Schon fertig?
Mit welchem Buchstaben beginnt das Wort?

P _ _ _ _

A B C **D** E **F** G H I J K L **M N O P** Q R S **T** U V W X Y Z

14a | Lesen Sie. 📖

m a	ma	ma ma	mama
p a	pa	pa pa	papa
p e	pe	pe pe	pepe
t o	to	to to	toto

14b | Lesen Sie. 📖

N o	No	t e	te	No te	Note
N a	Na	m e	me	Na me	Name
N e	Ne	n a	na	Ne na	Nena
O t	Ot	t o	to	Ot to	Otto
E m	Em	m a	ma	Em ma	Emma

15 | Lesen Sie. 📖

am Ma Ta te   at Ta ot to

Po to Ot no   Me Ne pa ta

na Pa te et   Am ma am to

Schon fertig? Lesen Sie. 📖

Map pe   Mappe   Mat te   Matte

Pap pe   Pappe   To ma te   Tomate

---

16 | Lesen Sie und ergänzen Sie.

Mama — Mama   Opa — __ pa

Papa — __ apa   Tante — __ ante

Oma — __ ma

17 | Schreiben Sie.

Mama Mama

Papa Papa

Oma Oma

Opa Opa

Tante Tante

Schon fertig? Schreiben Sie.

Mappe

Matte

Pappe

Tomate

18 a | Wer ist das? Hören Sie und schreiben Sie die Namen.   CD 1/14–17

 **1** Anne

2

 **3**

 **4**

18 b | Spielen Sie das Gespräch.

Wer ist das?

Das ist ...

19 | Sprechen Sie über die Familie.

die Tochter: Neta

der Sohn: Tom

die Mutter: Emma

der Vater: Nanee

Wer ist das?

Das ist der Sohn / die Tochter. Er/Sie heißt ...

1 | Was sehen Sie? Sprechen Sie.

Neue Wörter: Sofa, Bett, Foto, Lampe

Das können Sie sagen:
- Das ist ein Sofa / Bett / Foto.
- Das ist eine Lampe.

▲ Was haben Sie?
– Ich habe ein Sofa / Bett / Foto.
– Ich habe eine Lampe.

Ss **A** B C **D** E **F** G H I J K **L M N O P** Q **R S T** U V W X Y Z

S...

S...

S...

CD 1/18

2 | Schreiben Sie.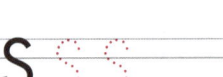

S S S S S S S S S S S S S S S S S S S S S S S S S S S

S S S S S S S S S S S S S S S S S S S S S S S S S S S

3 | Schreiben Sie.

S S S

S S S

S s S S

4 | Suchen Sie S s.

m n ⓢ a S E E e p s T M   O S t o s N A s n S a

5 | Lesen Sie.

Sa Se So As Es Os   se es sa as so os

B…

B…

B…

CD 1/19

6 | Schreiben Sie.

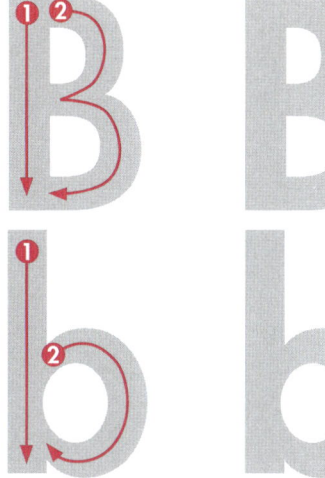

B B B B
B B B B
B B B B
B B B B B
B B B B B
B B B B B

b b b b b b b
b b b b b b
b b b b b b b

7 | Schreiben Sie.

B B B   b b b

B b   B b

Bett   Bett

8 | Suchen Sie B b.

P ⒷS b n a b **B** S t b   A N b p a b e s **B** E m

9 | Lesen Sie.

Ba Be Bo Ab Eb Ob   be eb ba ab bo ob

F...

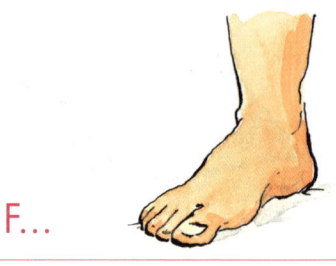

F...

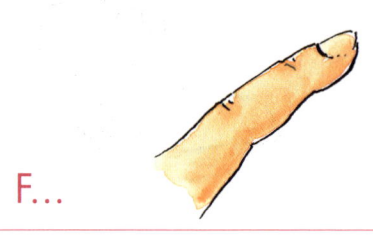

F...

CD 1/20

10 | Schreiben Sie. ✏

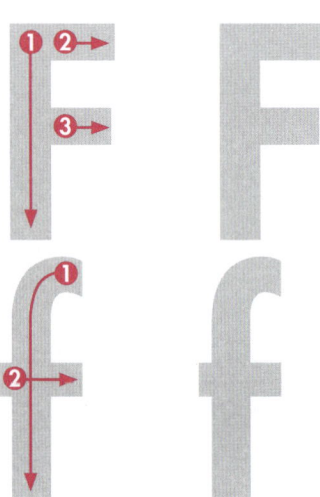

11 | Schreiben Sie. ✏

F .... f ....

F f ....

Foto ....

12 | Suchen Sie F f. 🔍

Ⓕ B E f t E F P m e f   n f o A F t f b E b f

13 | Lesen Sie. 📖

Fa Fe Fo Af Ef Of   fe ef fa af fo of

 L...

 L...

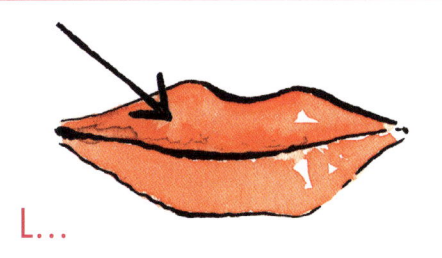 L...

CD 1/21

14 | Schreiben Sie.

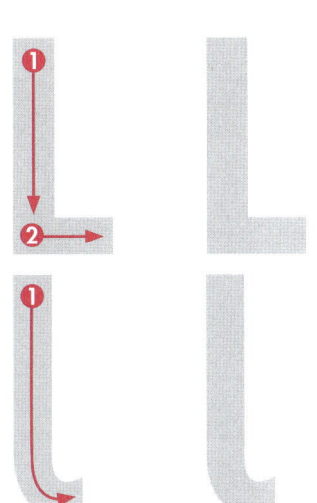  

15 | Schreiben Sie.

L l   l l

Ll

Lampe

16 | Suchen Sie L l.

T L l f t l L F E L t   b l f b l t e f l P L

17 | Lesen Sie.

La Le Lo Al El Ol   le el la al lo ol

18 | Welches Wort beginnt mit S / M / P? CD 1/22–24
Hören Sie und kreuzen Sie an.

S  ☐  ☒  ☐

M  ☐  ☐  ☐

P  ☐  ☐  ☐

19 | Lesen Sie und schreiben Sie.

So fa   Sofa

Fo to   Foto

Lam pe   Lampe

Bett   Bett

20 | Lesen Sie.

Ma Mann   **Ta** Tante   **Ma** Mama

Be Bett   **Fo** Foto   **So** Sofa

Pa Papa   **La** Lampe   **O** Oma

21 | Bilderdiktat. Schreiben Sie.

 Oma    _____

_____ M _____    _____

_____ T _____    _____

 _____    _____

22a | Lesen Sie und zeichnen Sie.

Son ne Sonne   Tee

Es sen Essen   Am pel Ampel

Sa lat Salat   Ta fel Tafel

Ba na ne Banane   Map pe Mappe

To ma te Tomate   Na me Name

A na nas Ananas   Te le fon Telefon

En te Ente   Na se Nase

3 | Meine Wohnung

22 b | Welche Wörter wollen Sie lernen? Schreiben Sie sie auf.

_____   _____   _____   _____

23 | Was hat die Frau in der Wohnung? CD 1/25–28
Hören Sie und schreiben Sie.

1 Lampe

2 _____

3 _____

4 _____

24 | Fragespiel: Was haben Sie?

Lampe	Foto
Bett	Sofa

Jeder TN zeichnet einen Gegenstand auf eine Karte. Verteilen Sie die Karten im Kurs und fragen Sie: „Was haben Sie?" Die TN antworten. Danach Partnerarbeit.

Was haben Sie?

Ich habe ein/e …

Schon fertig?
Was ist richtig? Suchen Sie.

(Sofa) Sofo (Sofa)

Lanpe Lampe Lampe

Foto Foto Fota

Batt Bett Bett

Schon fertig?
Beschriften Sie Ihre Zeichnungen oder die Bildkarten.

1 | Welche Zahlen sehen Sie? Sprechen Sie. 💬

Zahlen 0–10: 0, 1, 2, 3, 4, 5, 6, 7, 8, 9, 10

Das können Sie sagen:
- Wie ist Ihre Telefonnummer?
- Meine Telefonnummer ist …

- Wie viele sind es? / Wie viele … haben Sie?
- Ich habe …

0 1 2 3 4 5 6 7 8 9 10

2 | Sprechen Sie und schreiben Sie. 💬 ✏️

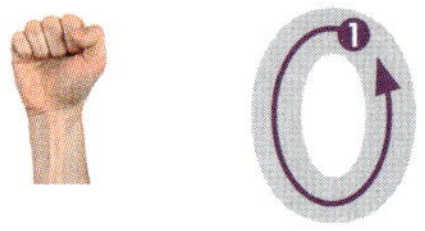

		0	
		1	
		2	
		3	
		4	
		5	
		6	
		7	
		8	
		9	
		10	

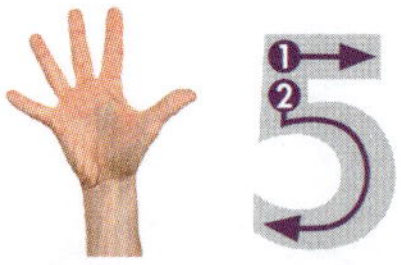

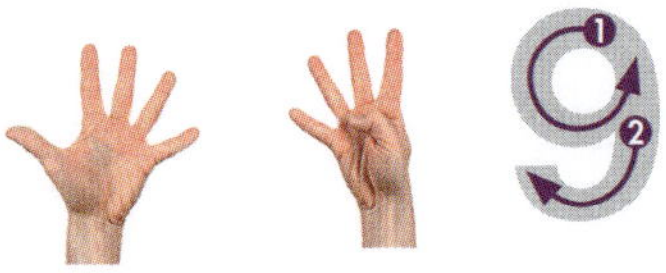

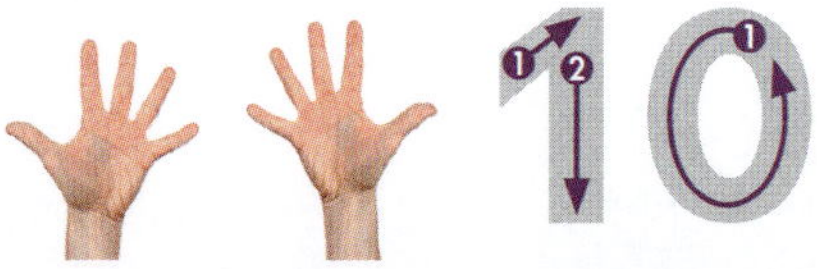

0 1 2 3 4 5 6 7 8 9 10

3 | Schreiben Sie die Zahlen noch einmal.

0 1 2 _____

> Kennen die TN aus ihren Schriftsystemen andere Schreibweisen für Ziffern? Vergleichen Sie an der Tafel.

4a | Was passt? Ordnen Sie zu.

1 2 3 ~~4~~ 5 6 ~~7~~ 8 9 10

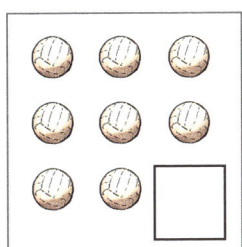
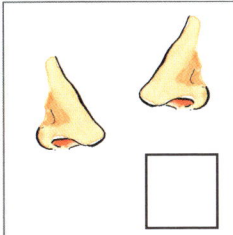

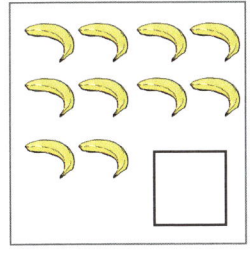

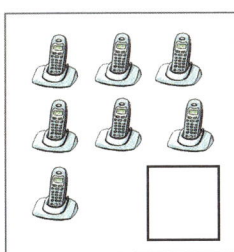

4b | Was ist auf den Bildern? Schreiben Sie.

Tee Ente _____

5 | Partnerdiktat

Lesen Sie.

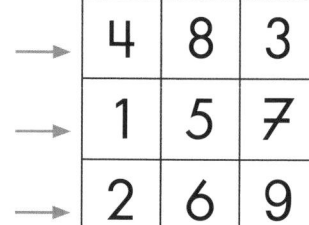

falten

Schreiben Sie.

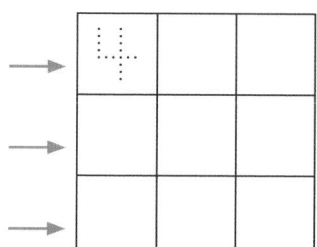

Schreiben Sie.

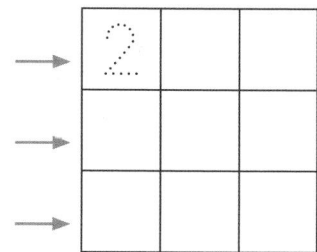

Lesen Sie.

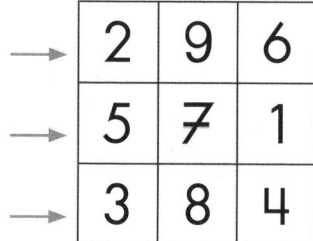

6 | Was passt nicht? Streichen Sie.

1 1 2 3 4 5 ~~3~~ 6 7 8 ~~6~~

3 2 3 5 4 5 6 8 7 8 9

2 10 9 8 2 7 6 4 5 3

4 4 5 7 6 7 8 5 9 8 10

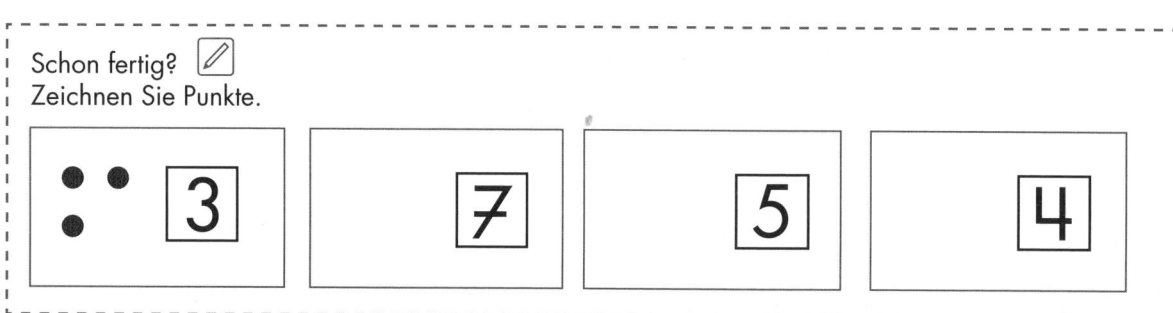

Schon fertig?
Zeichnen Sie Punkte.

| :· | 3 | | 7 | | 5 | | 4 |

7a | Rechnen Sie und schreiben Sie.

$5 + 2 = 7$ $4 - 2 = 2$

$ + = $ $ - = $

$ + = $ $ - = $

$ + = $ $ - = $

7b | Rechnen Sie und schreiben Sie.

$8 + 2 = $ $7 - 5 = $ $3 + 4 = $

$5 + 3 = $ $6 + 4 = $ $8 - 5 = $

$1 + 6 = $ $6 - 4 = $ $8 + 1 = $

$2 - 1 = $ $9 - 7 = $ $10 - 1 = $

Schon fertig?
Schreiben Sie Rechenaufgaben und tauschen Sie mit Ihrer Partnerin / Ihrem Partner.

$7 + 3 = $

4 | Zahlen 0–10

0 1 2 3 4 5 6 7 8 9 10

8a | Im Telefonbuch: Lesen Sie.

Balmann Leona	7 30 16 63	Bomann Beate	2 91 23 41
Beese Onno	8 43 22 11	Bonansa Toma	4 47 97 97
Bennent Anton	4 25 81 17	Bosse Elena	8 78 62 26
Bolle Sana	9 24 28 07	Bossmann Alfons	2 55 49 24
Bolt Ellen	6 39 45 79	Bost Lena	9 22 00 08

8b | Fragen Sie und antworten Sie.

> Wie ist die Telefonnummer von Lena Bost?

> Die Telefonnummer ist 9 22 …

8c | Wie ist die Telefonnummer von …? Schreiben Sie.

Sana Bolle 9 24 28 07

Leona Balmann _____

Onno Beese _____

Ellen Bolt _____

9 | Welche Telefonnummer ist richtig? CD 1/29–31
Hören Sie und kreuzen Sie an.

1
☒ 8 65 97 76
☐ 8 65 97 77

2
☐ 2 34 45 56
☐ 2 43 45 56

3
☐ 4 23 14 18
☐ 4 23 41 18

10 | Was fehlt? Schreiben Sie.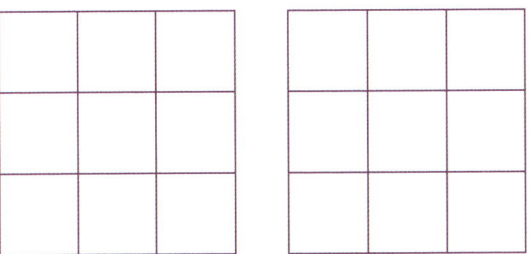

1 1 2 3 4 __ 6 __ 8

3 __ 4 5 __ 7 8 __ 10

2 10 9 8 __ 6 5 __ 3

4 __ 7 __ 5 __ 3 __ 1

11 | Zahlenbingo

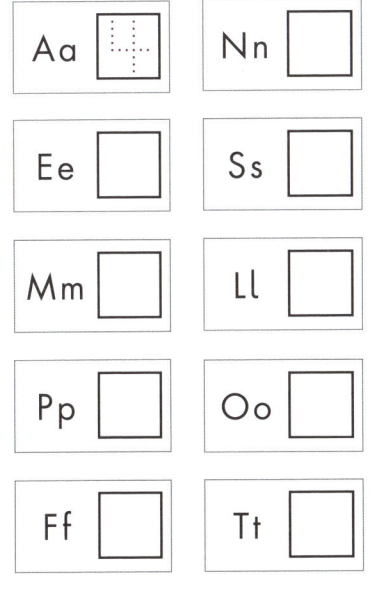

Bereiten Sie 11 Lose mit je einer Zahl von 0 bis 10 vor. Die TN schreiben Zahlen nach ihrer Wahl in die Kästchen. Ziehen Sie Lose und lesen Sie die Zahlen vor. Die TN markieren die genannten Zahlen. Wenn ein TN drei Zahlen in einer waagerechten oder senkrechten Reihe markiert hat, ruft er „Bingo".

12 | Wie viele?
Zählen Sie die Buchstaben und schreiben Sie.

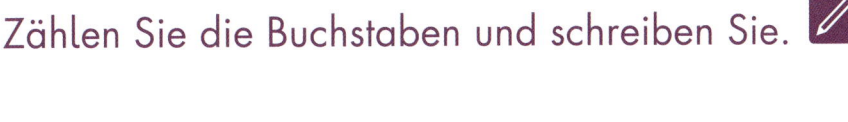

Aa [ ]   Nn [ ]

Ee [ ]   Ss [ ]

Mm [ ]   Ll [ ]

Pp [ ]   Oo [ ]

Ff [ ]   Tt [ ]

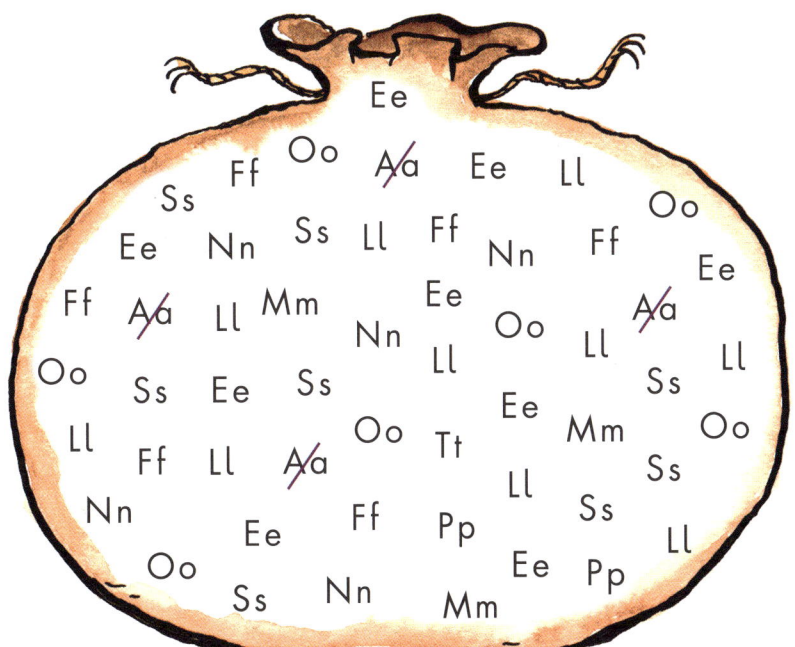

4 | Zahlen 0–10

0 1 2 3 4 5 6 7 8 9 10

13a | Telefonnummern:
Fragen Sie und antworten Sie.

> Die TN bilden einen
> Kreis und werfen sich
> einen Ball zu.

> Wie ist Ihre
> Telefonnummer?

> Meine Telefonnummer ist …

13b | Klassenspaziergang: Fragen Sie fünf Personen
nach Namen und Telefonnummer und schreiben Sie.

Name	Telefon

13c | Machen Sie eine
alphabetische Telefonliste von Ihrem Kurs.

14a | Wie viele … hat der Mann?
Hören Sie und schreiben Sie.   CD 1/32–35

14b | Wie viele …? Fragen Sie und antworten Sie.

> Wie viele … haben Sie
> zu Hause?

> Ich habe sieben Lampen.

1 | Was sehen Sie? Sprechen Sie. 💬

Neue Wörter: Info, Hotel, Post, Bahnhof, Bus, U-Bahn, S-Bahn

Das können Sie sagen:
- Wie kommen Sie / kommst du zur Schule?
- Ich fahre mit dem Bus / mit dem Auto / mit dem Rad / mit der U-Bahn / mit der S-Bahn.
  Ich gehe zu Fuß.

- Entschuldigung. Wo ist …?
- Die Info / Die Post / Das Hotel / Der Bahnhof ist da / dort.

I i   **A** B **C** D **E** F **G** H **I** J K **L** M **N** O **P** Q R **S** T U V **W** X Y **Z**

 I...

 I...

 I...

CD 1/36

2 | Schreiben Sie.

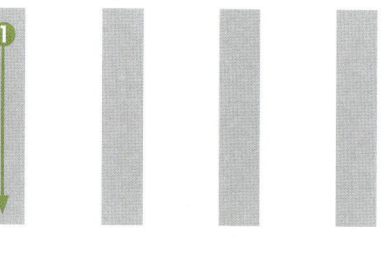

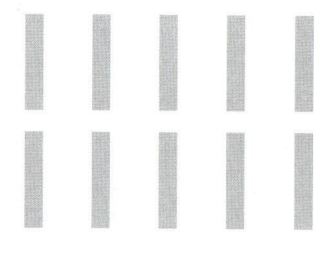

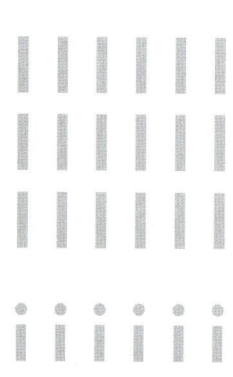

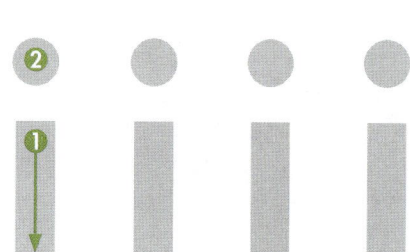

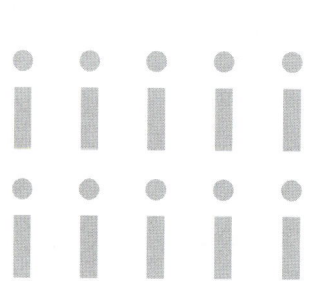

3 | Schreiben Sie.

I   i

I i

Info   Info

4 | Suchen Sie I i. 🔍

Ⓘ L E i f F L A t i l   n i l i e m L E T f i

5 | Lesen Sie. 📖

Ni Si Bi Mi ti fi in im   Info Bio Imbiss mit ist

D...   D...   D...

CD 1/37

6 | Schreiben Sie. ✏️

D D D D
D D D D
D D D D D
D D D D D D

d d d d
d d d d
d d d d
d d d d

7 | Schreiben Sie. ✏️

D   d

D d   Dd

Dose   Dose

8 | Suchen Sie D d. 🔍

B Ⓓ P D d b p d O D o   d s t d D P L d b d p

9 | Lesen Sie. 📖

Di Do De da id od ed ad   Dose dann das da

 H…

 H…

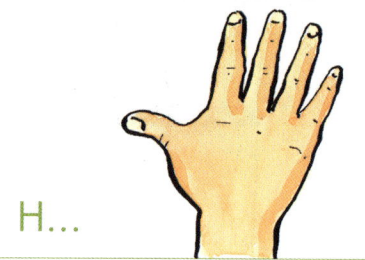 H…

CD 1/38

10 | Schreiben Sie.

H H H H
H H H H
H H H H
h h h h
h h h h

11 | Schreiben Sie.

H   h

Hh Hh

Hotel Hotel

12 | Suchen Sie H h.

(h) b d h l t h p h f h   F H A H h b H T N H M

13 | Lesen Sie.

Ha He Hi Ho ho hi ha he   Hand Hose Heft Hund Hotel

U...

U..

U...

CD 1/39

14 | Schreiben Sie. ✏️

15 | Schreiben Sie. ✏️

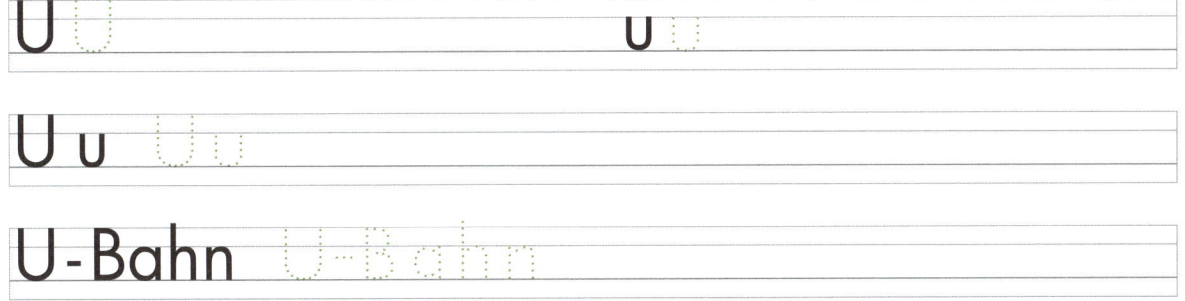

U   u

U u

U-Bahn

16 | Suchen Sie U u. 🔍

ⓤ n m u n h u o a u i   O H U u n U S E u e b

17 | Lesen Sie. 📖

Lu Hu Nu Bu um un du fu   Bus Mund Pulli Nudel null

18 | Welches Wort beginnt mit T/H/U? CD 1/40–42
Hören Sie und kreuzen Sie an.

19 | Lesen Sie und schreiben Sie.

In fo Info

Ho tel Hotel

Post Post

Bahn hof Bahnhof

Bus Bus

U-Bahn U-Bahn

S-Bahn S-Bahn

A B C **D** E **F** G **H** I J K **L** **M** **N** **O** P Q R **S** **T** **U** V W X Y Z

20 | Falten Sie und lesen Sie.   falten   Schreiben Sie dann.

Bus

Hotel

Info

Post

B_ _s   _ _u_ _

H o t e l   _ _o_ _e_ _

I_ _f_ _   _ _n_ _o

P_ _s_ _   _ _o_ _t

21 | Lesen Sie.

Pa	Papa	Na	Nase	Po	Post
Hu	Hund	Ho	Hotel	Bu	Bus
Am	Ampel	Ma	Mama	En	Ente
La	Land	Ha	Hand	Mu	Mund
In	Info	In	Insel	Mo	Mond

22 | Bilderdiktat. Schreiben Sie.

 Info _____

 _____

 _____

 _____

 _____

 _____

 _____

 _____

23 a | Wie kommen die Personen zur Schule? 🦻 CD 1/43–46
Hören Sie und ordnen Sie zu.

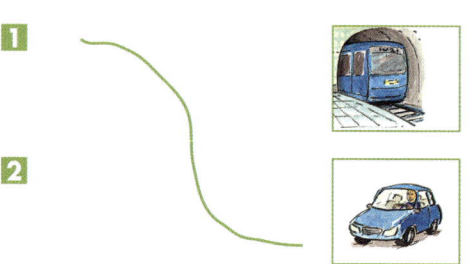

3

4

23 b | Ziehen Sie eine Karte und sprechen Sie. 💬 👥

Verwenden Sie
die Bildkarten im
Lehrwerkservice.

Wie kommen Sie
zur Schule?

Ich fahre
mit dem Bus.

24 a | Was suchen die Personen?
Hören Sie und schreiben Sie. 🦻 ✏️ CD 1/47–50

1 Bahnhof _____ 3 _____

2 _____ 4 _____

24 b | Spielen Sie die Gespräche. 💬 👥

Wo ist die Post?

Die Post ist da.

1 | Was sehen Sie? Sprechen Sie. 💬

Neue Wörter: Wetter, Wind, Regen, Sonne, gut, warm

Das können Sie sagen:
- Wie geht es Ihnen?
- Danke, super / sehr gut / gut. Es geht.

- Wie ist das Wetter?
- Das Wetter ist gut / schlecht. Es ist windig / sonnig. Es regnet. Es ist warm.

Ww A B C D E F G H I J K L M N O P Q R S T U V W X Y Z

W...    W...

W...

CD 1/51

2 | Schreiben Sie. ✏️

W W W W W W W
W W W W W W W
W W W W W W W

3 | Schreiben Sie. ✏️

W w

W w

Wind

4 | Suchen Sie W w. 🔍

M N Ⓦ u w m w W H U   t d m w n w w u W M W

5 | Lesen Sie. 📖

Wo Wa Wi We wa wo wi wu   Wand Wind Welt wie was

R...

R...

R...

CD 1/52

6 | Schreiben Sie.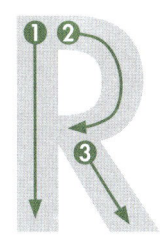

R R R R R R R R R R
        R R R R R R R R

r r r r r r r r r r
      r r r r r r r r

7 | Schreiben Sie.

R R   r r

R r R r

Radio Radio

8 | Suchen Sie R r. 🔍

B P (R) d R D F R P R S   s r n r t r u m r f r

9 | Lesen Sie. 📖

Ra Ri Ru Ro Re re ra ru   Rad Radio Rose rot rund

Gg A B C D E F G H I J K L M N O P Q R S T U V W X Y Z

G…

G…

G…

CD 1/53

10 | Schreiben Sie.

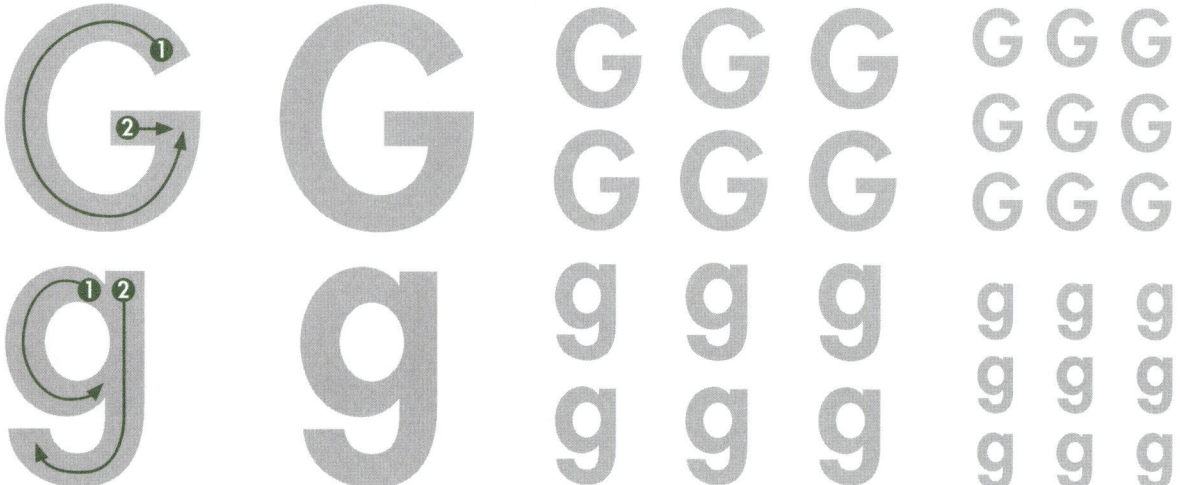

11 | Schreiben Sie.

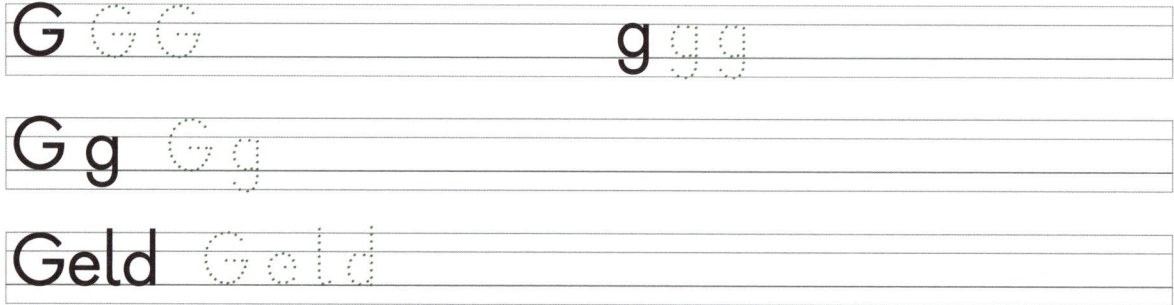

G G G   g g g

G g Gg

Geld Geld

12 | Suchen Sie G g.

a ⓖ a d g b G O o g a   G P e g s G U O G g a

13 | Lesen Sie.

Ga Ge Gi Go Gu ge ga go   Geld Gabel Glas gut gelb

14a | Was fehlt? Ergänzen Sie.

 B anane

 ___ ose

 ___ otel

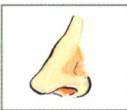 ___ ase

 ___ ampe

 ___ ulli

 ___ nsel

 ___ -Bahn

 ___ ost

 ___ onne

14b | Was fehlt? Ergänzen Sie.

 Bet ___

 Ba ___

 Tomat ___

 Imbis ___

 Anana ___

 Inf ___

 Hef ___

 Ampe ___

 Telefo ___

 Bu ___

15 | Lesen Sie und schreiben Sie. 📖 ✏️

Wie geht es Ihnen?

😊 super

😊 sehr gut

🙂 gut

😕 es geht

16 | Lesen Sie und schreiben Sie. 📖 ✏️

Wet ter   Wetter

Wind   Wind

Re gen   Regen

Son ne   Sonne

17 | Lesen Sie. 📖

So	Sonne	Wi	Wind	wa	wann
Re	Regen	We	Welt	Ge	Geld
gu	gut	wa	warm	su	super
Po	Post	We	Wetter	Am	Ampel
ru	rund	Ra	Radio	ro	rot

18 | Lesen Sie und schreiben Sie.

Wie ist das Wetter?

Das Wetter ist gut.

Es ist warm.

Es ist windig.

Es ist sonnig.

Es regnet.

19 | Lesen Sie und zeichnen Sie.

Was̑ser   Wasser   Wald

Som̑mer   Sommer   Tag

Win̑ter   Winter   Rad

20 | Lesen Sie.

Die Post ist da.

Die Info ist dort.

Der Bahnhof ist alt.

Das Hotel ist toll.

> Schon fertig?
> Schreiben Sie weitere Sätze.
>
> Das Sofa …
>
> Die Lampe …

21 a | Wie geht es den Personen?
Hören Sie und ordnen Sie zu. 👂 CD 1/54–57

1      3   

2      4   

21 b | Ziehen Sie eine Karte und sprechen Sie. 💬 👥

> Wie geht es Ihnen?

> Danke, gut.

Verwenden Sie die Bildkarten im Lehrwerkservice.

22 a | Wie ist das Wetter?
Hören Sie und ordnen Sie zu. 👂 CD 1/58–60

1   Wind

2   Regen

3   Sonne

22 b | Sprechen Sie. 💬

> Das Wetter ist gut. Es ist sonnig.

1 | Was essen die Personen gern?
Was trinken sie gern? Sprechen Sie.

Neue Wörter: Zitrone, Salz, Ei, Eis, Milch, Kuchen, Kaffee, Tee

. . . .

Das können Sie sagen:
• Was essen Sie gern?
– Ich esse gern …

• Was trinken Sie gern?
– Ich trinke gern …

Z...

Z...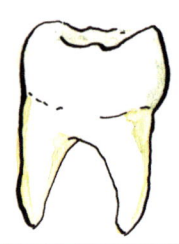

Z...

CD 1/61

2 | Schreiben Sie.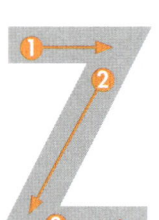

Z Z   Z Z Z Z   Z Z Z
            Z Z Z Z   Z Z Z
                              Z Z Z

Z Z   Z Z Z Z   Z Z Z
            Z Z Z Z   Z Z Z
                              Z Z Z

3 | Schreiben Sie.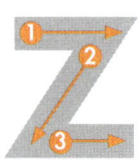

Z Z Z   z Z Z

Z z Z Z

Zug Zug

4 | Suchen Sie Z z.

L Z T F Z z n s z R Z   z n z z r a Z N H Z u

5 | Lesen Sie.

Za Zo Zi Zu Ze zu zi za   Zug Zoo Zahn Zimmer Zitrone

K... 	K... 	K... 

CD 1/62

6 | Schreiben Sie. ✏️

7 | Schreiben Sie. ✏️

K   k

K k

Kaffee

8 | Suchen Sie K k. 🔍

H R K R (K) K F k h t K   h l k K R R K t k f k

9 | Lesen Sie. 📖

Ka Ke Ki Ko Ku ki ko ke   Kaffee Kind Kino kalt

Ei

Ei...

Ei...

CD 1/63

10 | Schreiben Sie. ✏

11 | Schreiben Sie. ✏

Ei ⌇Ei⌇   ei ⌇ei⌇

Ei ei ⌇Ei ei⌇

Eis ⌇Eis⌇

12 | Suchen Sie Ei ei. 🔍

(ei) ie ai ei ui Ei Ri si ei oi   Ki ie ei Ei Fi Ie ai oi ei Ei

13 | Lesen Sie. 📖

Ei Eis ein eine eins   zwei drei nein fein Teil

...ch      ...ch...    ...ch

CD 1/64

14 | Schreiben Sie. ✏️

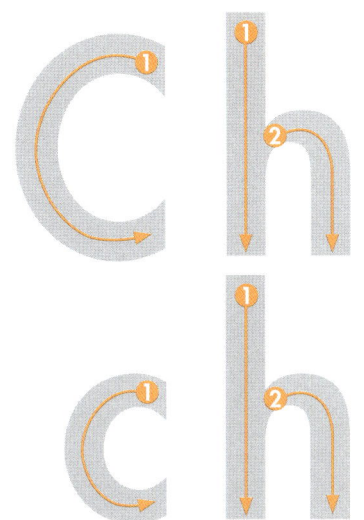

Ch Ch   Ch Ch
Ch Ch   Ch Ch
Ch Ch   Ch Ch

ch ch   ch ch
ch ch   ch ch
ch ch   ch ch

15 | Schreiben Sie. ✏️

Ch   Ch   ch   ch

Ch ch   Ch ch

Dach   Dach

16 | Suchen Sie Ch ch. 🔍

Hc (Ch) ch sh oh ch ah eh   Oh Ch Uh ch ah uh ch hc

17 | Lesen Sie. 📖

ich dich nicht Milch Licht   ach Dach Buch Kuchen

A B C D E F G H I J K L M N O P Q R S T U V W X Y Z

18 a | Was fehlt? Hören Sie und ergänzen Sie. 🦻 ✏️ CD 1/65–68

1 W__nd   W__nd   **3** __and   __and

2 H__se   H__se   **4** w__r   w__r

18 b | Hören Sie noch einmal und sprechen Sie nach. 🦻 💬 CD 1/69

19 | Lesen Sie und schreiben Sie. 📖 ✏️

Salz   Ei

Eis   Tee

Milch

Ku‿chen Kuchen

Zi‿tro‿ne Zitrone

Kaf‿fee Kaffee

20 | Lesen Sie. 📖

Ka	Kaffee	Ki	Kino	Ku	Kuchen
Zo	Zoo	Zu	Zug	Za	Zahn
Ma	Mappe	Mu	Mund	Mi	Milch
Te	Tee	Ta	Tafel	Zi	Zitrone

A B **C** D **E** F **G** **H** I J **K** **L** M N O P Q **R** S **T** U V **W** X Y **Z**

21 | Lesen Sie und zeichnen Sie. 📖 ✏️

Tel‿ler   Teller      Glas

Tas‿se   Tasse   alt

Ga‿bel   Gabel   toll

22 | Was fehlt? Ergänzen Sie. ✏️

___itr___ne   Ku___en

An___n___s   ___a___at

To___a___e   ___il___

23 | Lesen Sie und schreiben Sie in Ihr Heft. 📖 ✏️

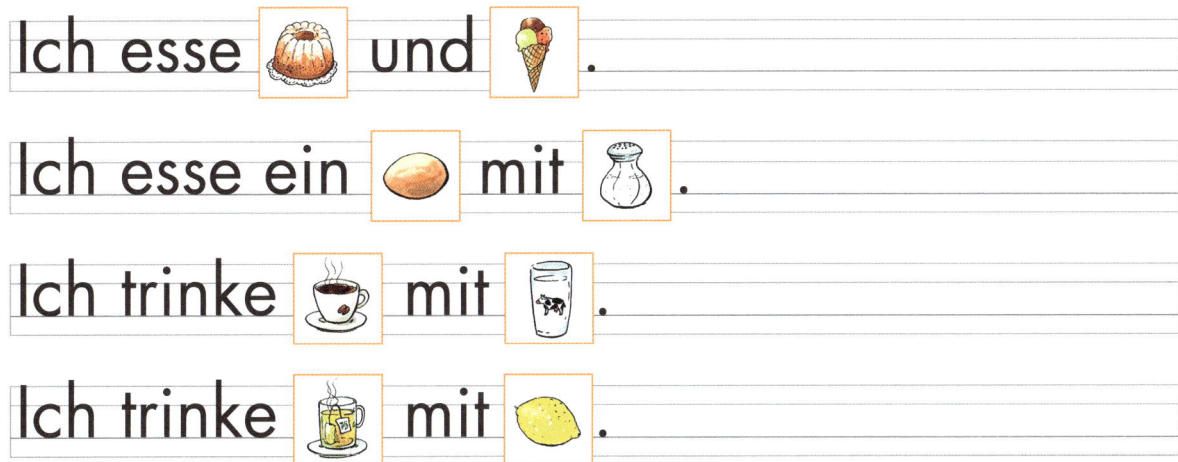

Ich esse 🧁 und 🍦.

Ich esse ein 🥐 mit 🧂.

Ich trinke ☕ mit 🥛.

Ich trinke 🍵 mit 🍋.

24 | Lesen Sie. 📖

Ich esse gern Salat mit Tomate.
Ich esse mit Messer und Gabel.
Ich esse gern Ananas und Banane.
Ich trinke gern Wasser mit Zitrone.

25 a | Was essen und trinken die Personen
gern? Hören Sie und schreiben Sie. 👂 ✏️ CD 1/70–73

1 _____ **3** _____

2 _____ **4** _____

25 b | Was essen und trinken Sie gern? Sammeln Sie. ✏️

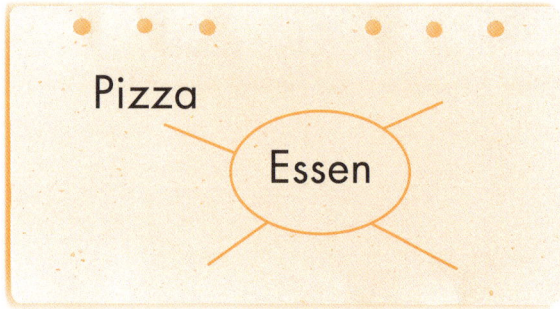

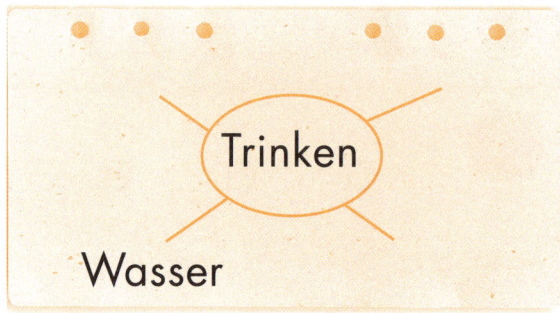

25 c | Sprechen Sie mit Ihrer Partnerin / Ihrem Partner. 💬 👥

Was essen Sie gern?

Ich esse gern Eis.

1 | Was sehen Sie? Sprechen Sie.

Neue Wörter: Brötchen, Butter, Käse, Müsli, Quark

Das können Sie sagen:
• Was möchten Sie?
– Ich möchte gern …

Ö ö **A** B **C** D **E F G H** I **J K L** M N **O** P Q **R S T** U V **W** X Y **Z**

Ö… 	…ö… 	…ö… 

CD 1/74

2 | Schreiben Sie.

3 | Schreiben Sie.

Ö Ö   Ö Ö

Ö ö Ö ö

Öl Öl

4 | Suchen Sie Ö ö.

O Ⓞ o ö a ö c o ö Ö C   G O Ö e ö a d ö u ö Ö

5 | Lesen Sie.

Lö Sö Fö Hö Kö Mö bö tö   Öl Öffner Brötchen Löffel Föhn

A B C **D E F G** H I **J** K **L M** N O **P** Q **R S** T U V **W** X Y **Z** | **Ä ä**

Ä...

...ä...

...ä...

CD 1/75

6 | Schreiben Sie.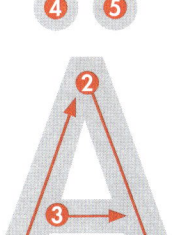

Ä Ä Ä   Ä Ä Ä
Ä Ä Ä   Ä Ä Ä

ä ä ä   ä ä ä
ä ä ä   ä ä ä

7 | Schreiben Sie.

Ä Ä   ä ä

Ä ä Ä ä

Äpfel Äpfel

8 | Suchen Sie Ä ä.

Ⓐ Ö a ö ä e ä o A Ä Ö   K Ä C Ä a ä ö c ä A Ä

9 | Lesen Sie.

Kä Mä Nä Fä sä rä tä   Äpfel Käse Mädchen

...ü...

...ü...

Ü...

CD 1/76

10 | Schreiben Sie.

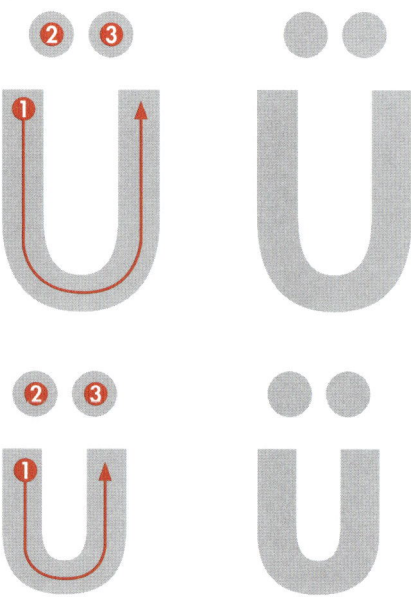

11 | Schreiben Sie.

Ü ü   ü ü

Ü ü Ü ü

Müsli Müsli

12 | Suchen Sie Ü ü.

o u (ü) ä ö ü Ü U Ö Ä Ü O   S U Ü Ä Ö Ü U a i ü ö u

13 | Lesen Sie.

Mü Kü Fü Lü Sü bü gü rü   Übung Müsli Gemüse Küche

Qu...

Qu...

Qu...

1m²

CD 1/77

14 | Schreiben Sie.

Qu   Qu Qu
      Qu Qu
Qu   Qu Qu

qu   qu qu
qu   qu qu
qu   qu qu

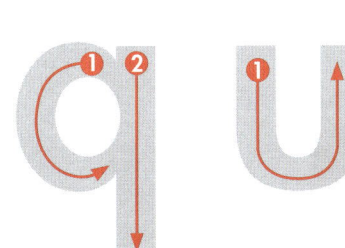

15 | Schreiben Sie.

Qu Qu   qu qu

Qu qu Qu qu

Quark Quark

16 | Suchen Sie Qu qu.

(qu) au ou qu Qu Ou Uu Qu pu qu pu fu qu du bu qu

17 | Lesen Sie.

Quark Qualle Quadrat   Quirl Qualität bequem

18 | Lesen Sie und schreiben Sie. 📖 ✏️

Bröt chen Brötchen

But ter Butter

Kä se Käse

Müs li Müsli

Quark Quark

19 | Lesen Sie und schreiben Sie in Ihr Heft. 📖 ✏️

Die Butter ist gut.

Der Tee ist fein.

Die Milch ist gut.

Das Brötchen ist alt.

Der Käse ist gelb.

Das Ei ist warm.

Der Quark ist kalt.

Das Müsli ist toll.

AB**CDEFGHI**J**KLMN**O**PQRSTU**V**W**X**YZ**

20 | Bilderdiktat: Schreiben Sie.

 *Wasser*

21 | Lesen Sie.

Früchte-Müsli

1 Apfel
1 Banane
1 Tasse Erdbeeren
etwas Zitrone
Quark
Milch
Müsli

Alles mischen und ziehen lassen.

Guten Appetit.

Erdbeere

22 a | Sammeln Sie Rezepte im Kurs.

22 b | Schreiben Sie Ihr und ein weiteres Rezept auf.

A B **C** D **E F G HI** J **KLM** N **O** P **Q R S** T **U** V **W** X Y **Z**

23a | Was möchten die Personen? Hören und schreiben Sie. CD 1/78–81

1 Anne möchte Butter .

2 Toma möchte _____ .

3 Nena möchte _____ .

4 Otto möchte _____ .

23b | Was möchten Sie?
Schreiben Sie drei Wörter auf den Einkaufszettel.

Milch
Brötchen
Butter

23c | Fragen Sie und antworten Sie.

Was möchten Sie?

Ich möchte Milch, Brötchen und Butter.

Schon fertig?
Schreiben Sie Sätze.

Ich möchte …

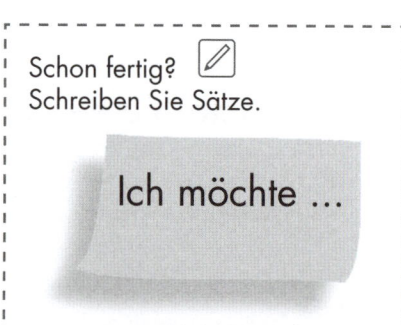

1 | Was sind die Personen von Beruf? Sprechen Sie. 💬

Neue Wörter:
Taxifahrer/Taxifahrerin, Schneider/Schneiderin, Lehrer/Lehrerin, Kellner/Kellnerin
Taxi, Schneiderei, Schule, Café

Das können Sie sagen:
• Was sind Sie von Beruf?   ▪ Ich bin … von Beruf.
• Was ist Ihr Mann/Sohn / Ihre Frau/Tochter von Beruf?   ▪ Mein Mann/Sohn / Meine Frau/Tochter ist …

9 | Berufe

A B C D E F G H I J K L M N O P Q R S T U V W X Y Z

2 | Lesen Sie und schreiben Sie.

Dose • Geld • Kuchen • Ananas • Zitrone • Hotel • Uhr
Quark • Wind • Bett • Post • Info • Oma • Regen • Tomate
Foto • Lampe • Sofa • Milch • Esel • Nase

A   Ananas

B

C

D

E

F

G

H

I

J

K

L

M

N

O

P

Q

R

S

T

U

V

W

X

Y

Z

…x…

…x…

…x…

CD 2/1

3 | Schreiben Sie.

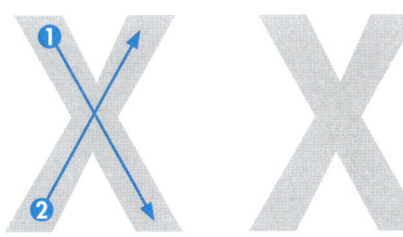

X x

x x

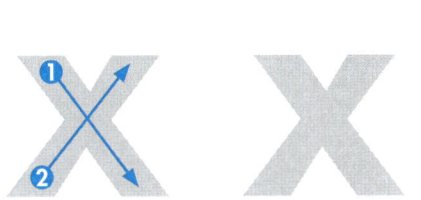

X x x x

Taxi Taxi

4 | Lesen Sie und schreiben Sie.

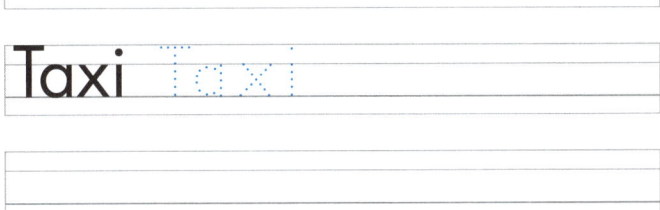

Text Taxi Box Mixer

5 | Lesen Sie.

Das Taxi ist gelb.
Max und Felix lesen einen Text.
Der Mixer ist in der Küche.
Die Fotos sind in der Box.

Schon fertig?
Ergänzen Sie
ein Wort mit x
auf S. 72.

Sch A B C D E F G H I J K L M N O P Q R S T U V W X Y Z

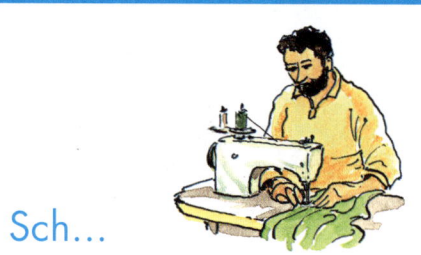
Sch…

Sch…

Sch…

CD 2/2

6 | Schreiben Sie.

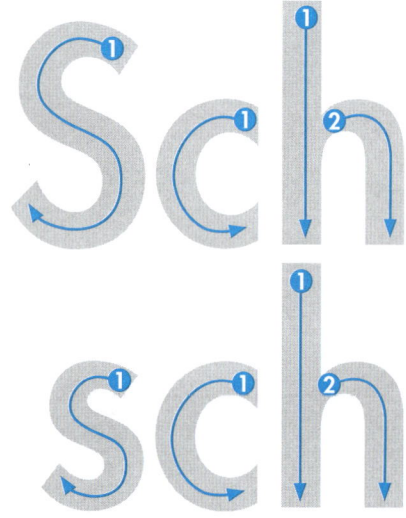

Sch Sch

sch sch

Sch sch Sch sch

Schule Schule

7 | Lesen Sie und schreiben Sie.

Schneider Schere Schuh Tasche

Tisch schlafen schreiben schön

8 | Lesen Sie.

Wir sind in der Schule.
Die Schere ist gut.

Sascha schreibt einen Text.
Die Tasche ist schön.

A B C D E F G H I J K L M N O P Q R S T U V W X Y Z | **Cc**

C...

C...

C...

CD 2/3

9 | Schreiben Sie.

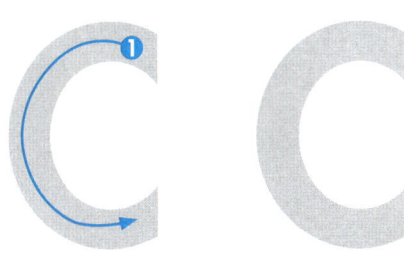 

C C
c c
C c Cc
Cola Cola

10 | Lesen Sie und schreiben Sie.

Cola Café Computer

11 | Lesen Sie.

Ich trinke Cola.
Das Café ist dort.

Das Kind spielt am Computer.
Der Computer ist an.

12a | Hören Sie und sprechen Sie nach. 🎧 💬 CD 2/4–6

12b | Hören Sie und ergänzen Sie. 🎧 ✏️ CD 2/4–6

Sch/sch oder C?	Sch oder S?	sch oder ch?
____ola	____ule	Ta____e
____uh	____alz	Da____
____ön	____alat	Ti____
____omputer	____ere	____i____

13 | Hören Sie und schreiben Sie. 🎧 ✏️ CD 2/7

14a | Berufe. Lesen Sie. 📖

ein Kellner
ein Lehrer
ein Schneider
ein Taxifahrer

eine Kellnerin
eine Lehrerin
eine Schneiderin
eine Taxifahrerin

14b | Wie heißen die Berufe? Sprechen Sie und schreiben Sie.

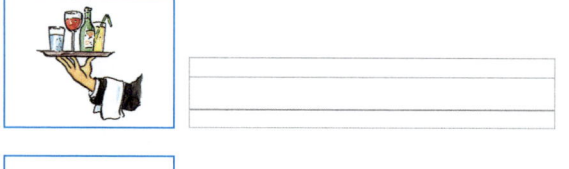

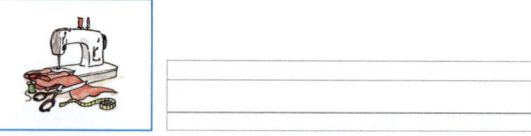

A B C D E F G H I J K L M N O P Q R S T U V W X Y Z

14c | Wo arbeiten die Leute? Lesen Sie und schreiben Sie.

im Café

in der Schule

in der Schneiderei

im Taxi

15a | Lesen Sie.

1 Lisa ist Lehrerin. **Sie** arbeitet in der Schule.
2 Ali ist Taxifahrer. **Er** arbeitet im Taxi.
3 Eva ist Kellnerin. **Sie** arbeitet im Café.
4 Sascha ist Schneider. **Er** arbeitet in der Schneiderei.

Lisa ... → Sie ...
Ali ... → Er ...

15b | Wie heißen die Personen? Schreiben Sie.

 Ali

16 | Was sind Sie von Beruf?
Wo arbeiten Sie? Schreiben Sie.

Stellvertretendes Schreiben. Helfen Sie den TN, ihren Beruf und Arbeitsplatz korrekt zu schreiben.

Ich bin

Ich arbeite

17 | Sammeln Sie Berufe im Kurs. Schreiben Sie. 💬 ✏️

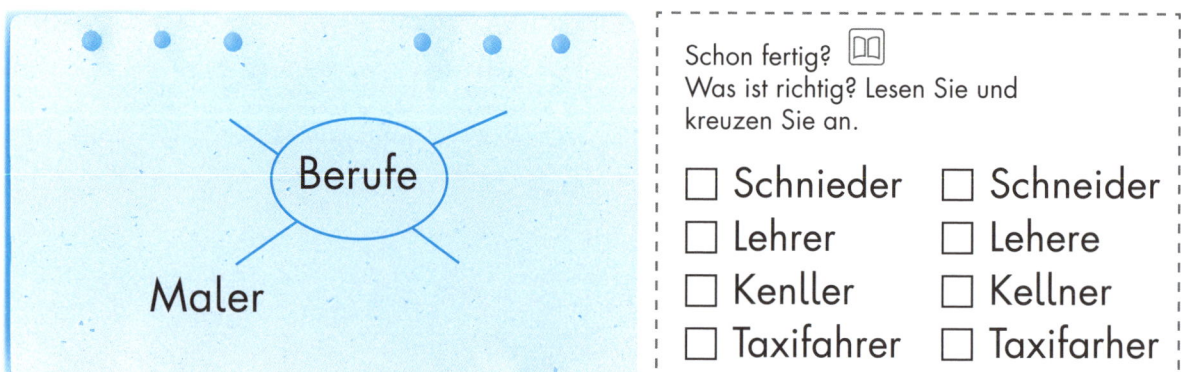

Berufe

Maler

Schon fertig? 📖
Was ist richtig? Lesen Sie und kreuzen Sie an.

☐ Schnieder   ☐ Schneider
☐ Lehrer   ☐ Lehere
☐ Kenller   ☐ Kellner
☐ Taxifahrer   ☐ Taxifarher

18 a | Was ist ... von Beruf?
Hören Sie und schreiben Sie die Berufe. 👂 ✏️ CD 2/8–11

Taxifahrer

1   2   3   4

18 b | Und Ihre Familie? Fragen Sie und antworten Sie. 💬 👥

Was sind Sie von Beruf?

Ich bin …

Was ist Ihr Mann von Beruf?

Mein Mann ist …

1 | Was sehen Sie? Sprechen Sie. 💬

Neue Wörter:
Adresse: Vorname, Nachname, Straße, Hausnummer, Postleitzahl, Stadt

Das können Sie sagen:
• Wie ist Ihr Name / Ihre Adresse? ▪ Mein Name / Meine Adresse ist …

Jj A B C D E F G H I J K L M N O P Q R S T U V W X Y Z

 J...

 J...

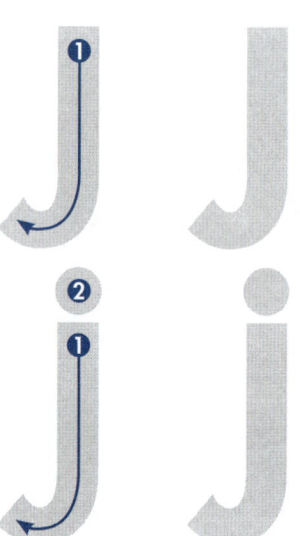 J...

CD 2/12

2 | Schreiben Sie. ✏️

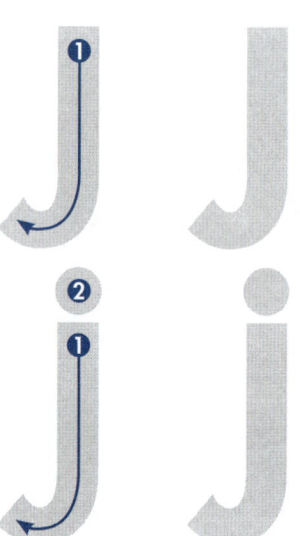

J

j

J j _Jj_

Junge _Junge_

3 | Lesen Sie und schreiben Sie. 📖 ✏️

Jahr Januar Juni Juli Joghurt Judo

jung ja jetzt

4 | Lesen Sie. 📖

Jana ist zehn Jahre alt.
Ich bin im Juli geboren.

Der Junge macht Judo.
Ich esse Joghurt.

V...

V...

V...

CD 2/13

5 | Schreiben Sie.

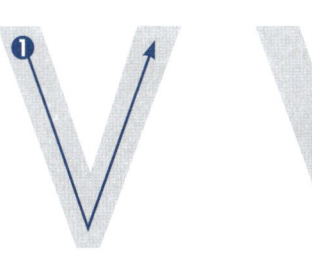

V v

v v

V v Vv

Vorname Vorname

6a | Lesen Sie und schreiben Sie.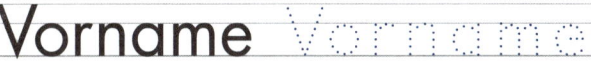

Vater Vogel voll von vor

Vase Visum November

6b | Hören Sie und sprechen Sie nach.  CD 2/14

7 | Lesen Sie.

Das ist mein Vater.   Ich bin im November geboren.
Sein Vorname ist Viktor.   Die Vase ist auf dem Tisch.

ß A B C D E F G H I J K L M N O P Q R S T U V W X Y Z

CD 2/15

...ß...   ...ß   ...ß

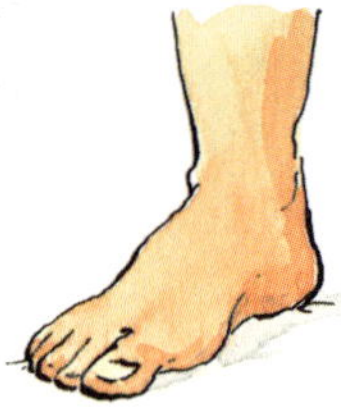

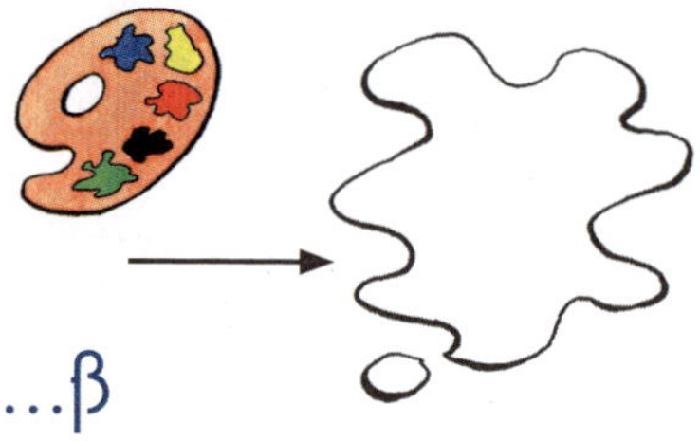

8 | Schreiben Sie. ✏

ß   ß

Fuß   Fuß

9 | Lesen Sie und schreiben Sie. 📖 ✏

Fuß Straße heißen groß weiß

Adresse Imbiss Wasser Klasse essen

10a | Hören Sie und sprechen Sie nach. 👂 💬 CD 2/16

10b | ß oder ss? Hören Sie und ergänzen Sie. 👂 ✏ CD 2/16

Fu___   Kla___e   hei___en

Stra___e   gro___   ___e___en

St...

St...

St...

CD 2/17

11 | Schreiben Sie. ✏️

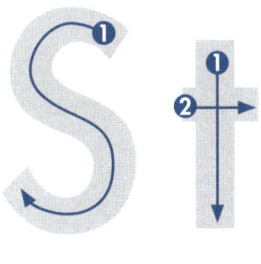
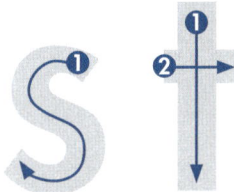

St St

st st

Stift Stift

12 | Lesen Sie und schreiben Sie. 📖 ✏️

Straße Stadt Stuhl Stift Stunde stehen

13a | St oder Sch? Hören Sie und sprechen Sie nach. 👂 💬 CD 2/18

13b | Sch/sch oder St? Hören Sie und ergänzen Sie. 👂 ✏️ CD 2/18

___uhl   ___ön   ___adt

___ule   ___ift   ___ere

14 | Lesen Sie und schreiben Sie. 📖 ✏️

Vorname

Nachname

Adresse

Straße

Hausnummer

Postleitzahl

Stadt

15 | Lesen Sie und sprechen Sie. 📖 💬

Wie ist der Vorname?
Wie ist der Nachname?
Wie ist die Adresse?
– Straße und Hausnummer
– Postleitzahl und Stadt

Leo Weber
Goethestraße 14
50663 Köln

16 | Ein Brief an Ihre Schule. Schreiben Sie. ✏️

Bringen Sie Briefumschläge mit. Bereiten Sie Linien an den zu beschriftenden Stellen vor. Die TN beschriften die Umschläge mit der Adresse der Schule und ihrer eigenen Adresse.

17 | Ein Brief. Lesen Sie und schreiben Sie
einen Brief an Ihre Partnerin / Ihren Partner.

Hallo Lisa,
wie geht es Dir?
Mir geht es gut.
Ich bin in der Schule.
Das Wetter ist schön.
Emine

18a | Lesen Sie.

Lena Schulz

Schneiderin
Hauptstraße 20
15806 Zossen

Jan Sturm

Taxifahrer
Poststraße 5
53127 Bonn

18b | Ergänzen Sie die Formulare mit den Angaben aus 18a.

Nachname: _Schulz_

Vorname: _____

Straße: _____

Hausnummer: _____

Postleitzahl: _____

Stadt: _____

Beruf: _____

Nachname: Sturm

_____: Jan

_____: Poststraße

_____: 5

_____: 53127

_____: Bonn

_____: Taxifahrer

19 | Was ist richtig? Hören Sie und kreuzen Sie an. 👂 CD 2/19–20

Nachname?

1 ☐ Müller ☐ Keller

Vorname?

☐ Lutz ☐ Max

Adresse?

2 ☐ Malstraße ☐ Schulstraße
☐ 10 ☐ 2
☐ 80463 ☐ 80634
☐ München ☐ Aachen

20 | Ziehen Sie eine Karte. Fragen Sie und antworten Sie. 💬 👥

Nachname	Adresse
Vorname	Beruf

Vorname ✂

Wie ist Ihr Vorname?

Mein Vorname ist …

Schon fertig? ✏ 👥
Schreiben Sie die Adresse Ihrer
Partnerin / Ihres Partners auf.

Name:
_____

Straße und Hausnummer:
_____

Postleitzahl und Stadt:
_____

21 | Das bin ich. Ergänzen Sie. ✏

Das bin ich

Meine Adresse ist _____

_____.

Meine Telefonnummer ist _____.

1 | Was sehen Sie? Sprechen Sie. 💬

Neue Wörter:
blau, braun, gelb, grau, grün, rot, schwarz, weiß
der Schrank, der Sessel, der Stuhl, der Tisch

Das können Sie sagen:
- Welche Farbe hat der Schrank / …? ▪ Der Schrank / … ist braun/…
- Was ist Ihre Lieblingsfarbe? ▲ Meine Lieblingsfarbe ist …

Au A B C D E F G H I J K L M N O P Q R S T U V W X Y Z

 Au…

 …au…

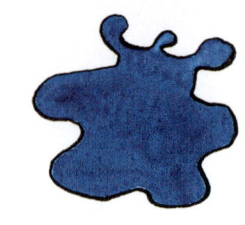 …au

CD 2/21

2 | Schreiben Sie. 🖉

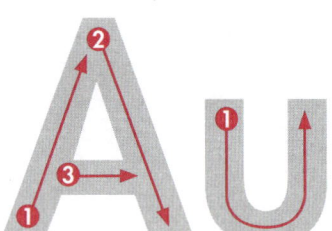

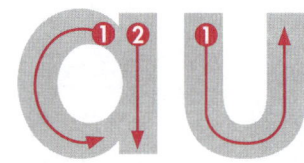

Au   Au

au   au

Auto

blau

3 | Lesen Sie und schreiben Sie. 📖 🖉

Auge Haus Frau Baum kaufen aus

4a | Au oder Ei? Hören Sie und sprechen Sie nach. 👂 💬 CD 2/22

4b | Au/au oder Ei/ei? Hören Sie und ergänzen Sie. 👂 🖉 CD 2/22

H____s   ____s   B____m

h____ß   ____s   B____n

schw…

Schw…

Schw…

CD 2/23

5 | Schreiben Sie. ✏️

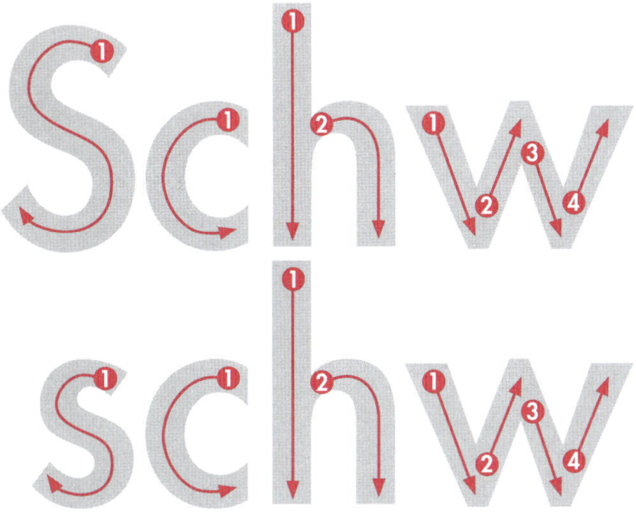

Schw	*Schw*
schw	*schw*
schwarz	

6 | Lesen Sie und schreiben Sie. 📖 ✏️

Schwester Schwein Schwimmbad schwimmen

7 | Lesen Sie. 📖

Der Stuhl ist schwarz.   Ich wohne in der Schweiz.

8a | Schw oder St? Hören Sie und sprechen Sie nach. 👂 🗨️ CD 2/24

8b | Schw/schw oder St/st? Hören Sie und ergänzen Sie. 👂 ✏️ CD 2/24

____ark   ____immen   ____ein

____arz   ____ift   ____ein

9 | Lesen Sie und ordnen Sie zu. 📖 ✏️

> rot • ~~gelb~~ • blau • grün • braun • grau • schwarz • weiß

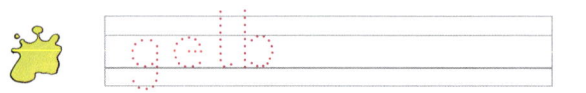 gelb

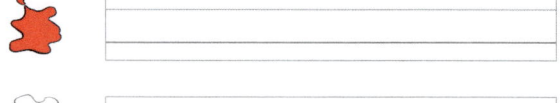

10 | Lesen Sie und schreiben Sie. 📖 ✏️

- Was ist Ihre Lieblingsfarbe?

▲ Meine Lieblingsfarbe ist _____.

11 | Falten Sie und lesen Sie. 📖  Schreiben Sie dann.

falten

gelb	g___lb	g___b
braun	br___n	b___aun
grün	gr___n	___rün
weiß	w___ß	wei___
schwarz	schw___rz	___warz
rot	r___t	ro___
blau	bl___	b___au
grau	gr___	g___au

A B C D E F G H I J K L M N O P Q R S T U V W X Y Z

12 | Lesen Sie und ordnen Sie zu. 📖 ✏️

die Möbel • das Sofa • das Bett • die Lampe • der Tisch •
der Stuhl • der Schrank • der Sessel

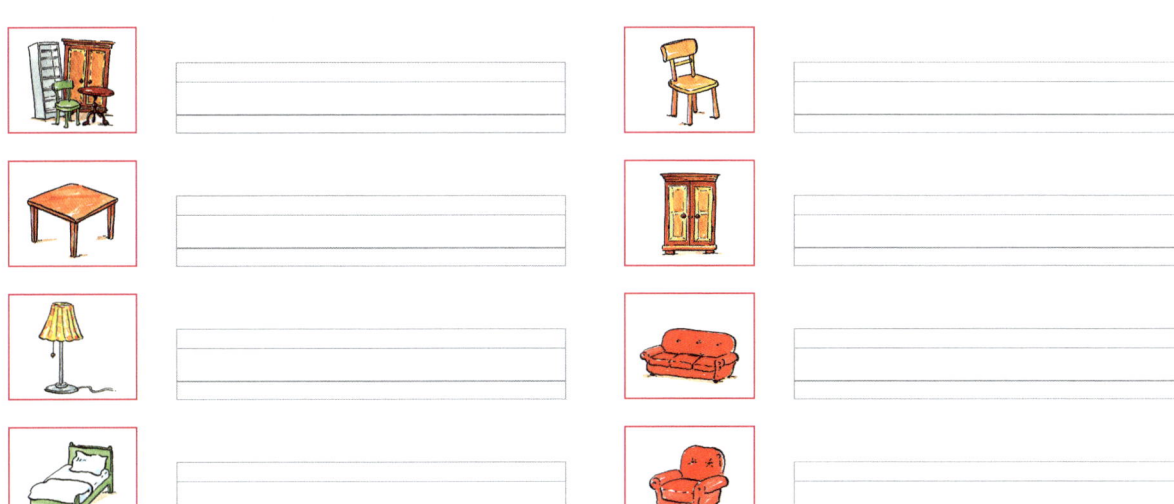

13 | Welche Farbe haben die Möbel
in Aufgabe 12? Schreiben Sie Sätze. ✏️

Der Tisch ist braun.

Die Lampe

14 | *der, das* oder *die?* Ordnen Sie die Möbel von Aufgabe 12 zu.

der	**das**	**die**
_____	_____	_____
_____	_____	
_____		
_____		

> Schon fertig?
> Beschriften Sie das Bild auf Seite 87.
>
> der Stuhl, der Schrank ...

15 a | Beschriften Sie die Möbel-Bildkarten.
Markieren Sie **der**, **das**, **die** mit Farben.

> Die TN können auch
> ältere Bildkarten beschriften,
> z. B. zu Seite 72.

15 b | *der, das* oder *die?* Fragen Sie und antworten Sie.

der, das oder *die?*

... der Stuhl!

> Klassenspaziergang: Jeder TN hat eine Bild-Wort-
> karte. Nach dem Fragen und Nennen der richtigen
> Nomen mit Artikel werden die Karten getauscht
> und die Partner gewechselt.

A B C D E F G H I J K L M N O P Q R S T U V W X Y Z

16a | Hören Sie und sprechen Sie nach. 🎧 💬 CD 2/25–27

16b | Hören Sie und ergänzen Sie. 🎧 ✏️ CD 2/25–27

1 _____ rank   **2** _____ lau   **3** _____ to

_____ isch   _____ rün   _____ aus

_____ essel   _____ raun   _____ rau

17 | Meine Möbel. Lesen Sie und malen Sie dann aus. 📖 ✏️

Das sind meine Möbel.
Das Sofa ist blau. Der Sessel ist rot.
Der Tisch ist weiß. Der Stuhl ist schwarz.
Die Lampe ist braun. Der Schrank ist grün.
Das Bett ist gelb.

18 | Suchen Sie eine Möbelkarte und eine Farbkarte. 💬 👥
Fragen Sie und antworten Sie.

Welche Farbe hat der Tisch?   Der Tisch ist rot.

19a | Was ist die Lieblingsfarbe?
Hören Sie und schreiben Sie. 👂 ✏️ CD 2/28–31

1 ⬜ rot

3 ⬜ _____

2 ⬜ _____

4 ⬜ _____

19b | Klassenspaziergang: Fragen Sie und antworten Sie. 💬

Was ist Ihre Lieblingsfarbe?

Meine Lieblingsfarbe ist ...

20a | Im Klassenzimmer. Hören Sie und schreiben Sie. 👂 ✏️ CD 2/32

20b | Zeigen Sie auf Gegenstände
im Klassenzimmer und fragen Sie nach der Farbe. 💬 👥

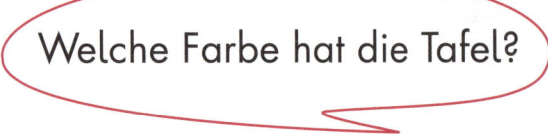

Welche Farbe hat die Tafel?

Die Tafel ist ...

1 | Was sehen Sie? Wie spät ist es? Sprechen Sie. 💬

London   Berlin   Ankara   Bagdad   Kabul   Bangkok

1 Uhr   2 Uhr   3 Uhr   4 Uhr   halb 6   8 Uhr

Neue Wörter:
eins, zwei, drei, vier, fünf, sechs, sieben, acht, neun, zehn, elf, zwölf

Das können Sie sagen:
- Wie spät ist es? ▪ Es ist ein Uhr / halb eins / halb drei / …
- Wann kommt …? ▪ … kommt um eins / …

ie ABCDEFGHIJKLMNOPQRSTUVWXYZ

...ie...   ...ie...   ...ie...

CD 2/33

2 | Schreiben Sie. 🖊

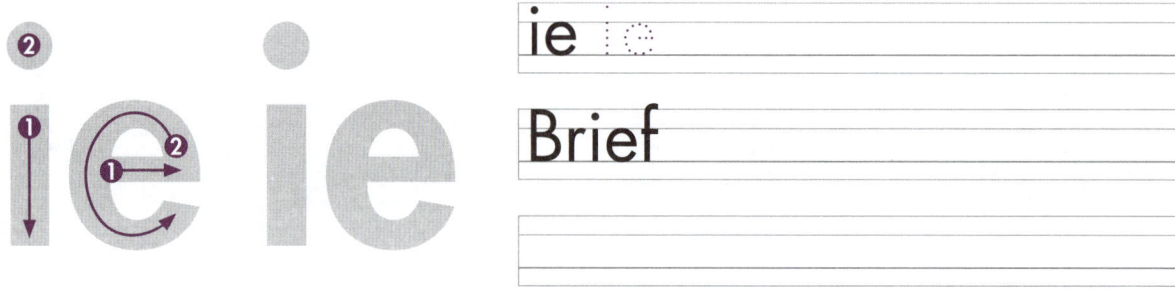

ie ie

Brief

3 | Lesen Sie und schreiben Sie. 📖 🖊

vier sieben Brief wiederholen spielen sie wie viel hier

drei Eis Zeit Preis Bein arbeiten schreiben heißen klein

4a | ie oder ei? Hören Sie und sprechen Sie nach. 👂 💬 CD 2/34

4b | ie oder ei? Hören Sie und ergänzen Sie. 👂 🖊 CD 2/34

Br__f   Z__t   schr__ben

Pr__s   s__ben   sp__len

A B C D E F G H I J K L M N O P Q R S T U V W X Y Z **Eu**

...eu... 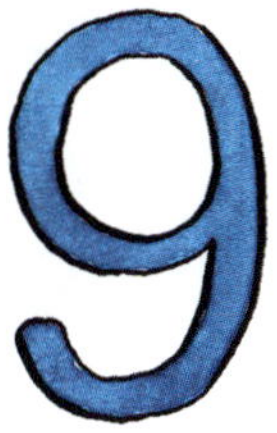

Eu... 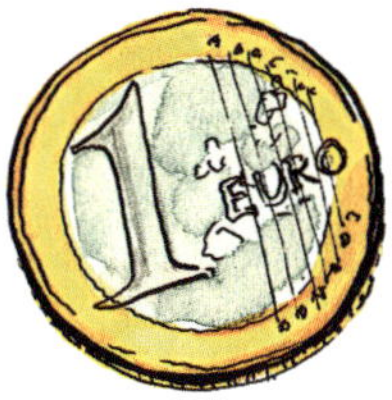

...eu... 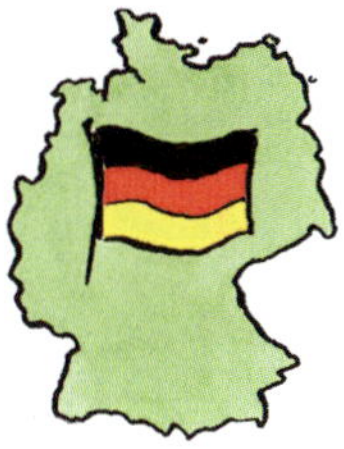

CD 2/35

5 | Schreiben Sie.

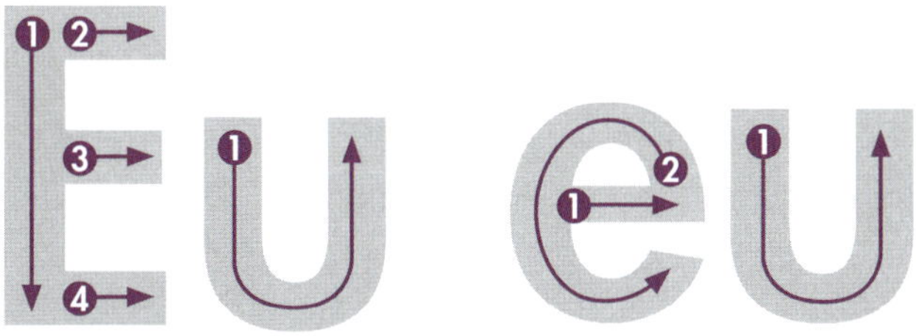

Eu
eu
Euro

6 | Lesen Sie und schreiben Sie.

neun Freund Freundin Leute Euro Europa Deutschland

7a | Eu oder Au? Hören Sie und sprechen Sie nach. CD 2/36

7b | Eu/eu oder Au/au? Hören Sie und ergänzen Sie. CD 2/36

____ro	bl____	Fr____
____to	L____te	Fr____nd

Zw | A B C D E F G H I J K L M N O P Q R S T U V W X Y Z

CD 2/37

zw... **2**

zw... **12**

Zw...

8 | Schreiben Sie. 🖊

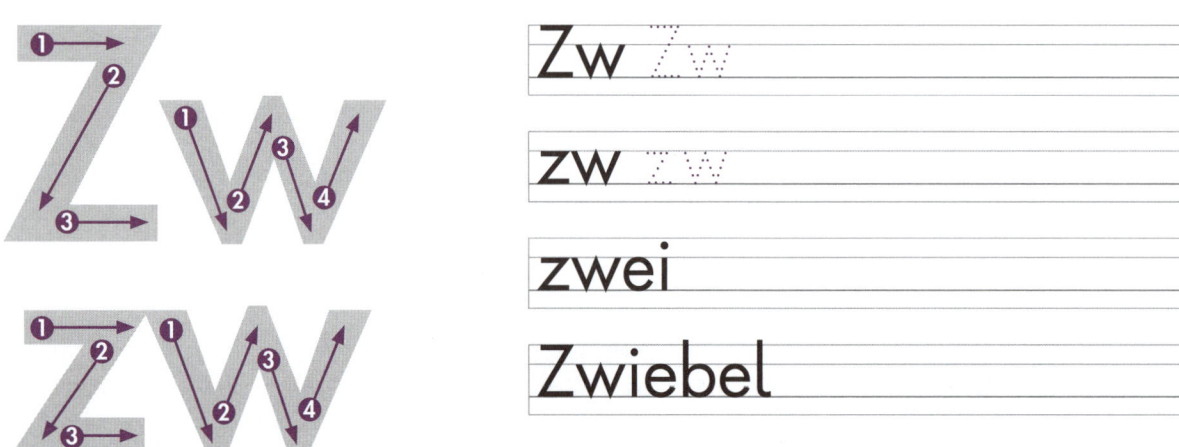

Zw Zw

zw zw

zwei

Zwiebel

9 | Lesen Sie und schreiben Sie. 📖 🖊

zwei zwölf Zwiebel zwischen

10a | Zw oder Schw? Hören Sie und sprechen Sie nach. 👂 👄 CD 2/38

10b | Zw/zw oder Schw/schw?
Hören Sie und ergänzen Sie. 👂 🖊 CD 2/38

_____ei   _____arz

_____ein   _____immen

_____ölf   _____iebel

Schon fertig?
Was ist richtig? Suchen Sie. 🔍

naun (neun) (neun)

drei drei drie

veir vier vier

A B C D E F G H I J K L M N O P Q R S T U V W X Y Z

11 | Zahlen. Lesen Sie und ordnen Sie zu.

> sieben • ~~eins~~ • zwei • vier • sechs • acht • zehn • drei •
> neun • zwölf • elf • fünf

1 eins

5

9

2

6

10

3

7

11

4

8

12

12a | Wie spät ist es? Lesen Sie.

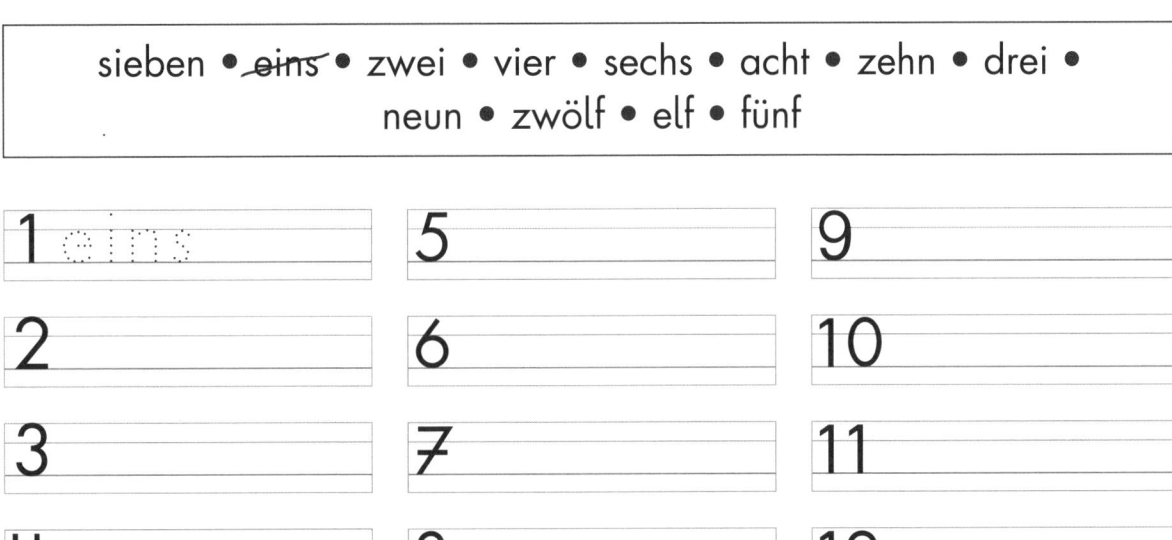

Es ist ein Uhr.

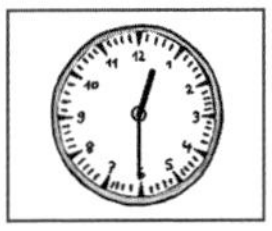

Es ist halb eins.

Es ist zwei Uhr.

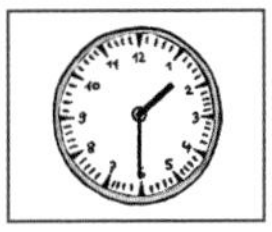

Es ist halb zwei.

12b | Wie spät ist es? Schreiben Sie.

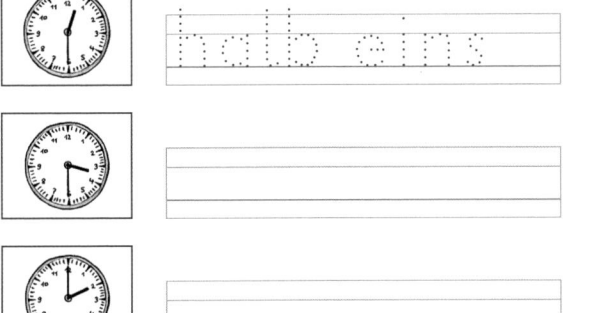

halb eins

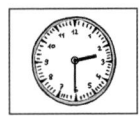

A B C D E F G H I J K L M N O P Q R S T U V W X Y Z

13 | Richtig oder falsch? Lesen Sie und kreuzen Sie an. 📖

	richtig	falsch
Es ist vier Uhr.	☐	☐
Es ist sieben Uhr.	☐	☐
Es ist zwölf Uhr.	☐	☐

14a | Familie Baumann. Wann kommt wer? Lesen Sie. 📖

Es ist neun Uhr.
Anne und Toma sind zu Hause.
Oma kommt um zehn.
Pepe kommt um elf.
Nena kommt um zwei.

14b | Lesen Sie die Fragen und antworten Sie. ✏️

Wie spät ist es? _Es ist_ _____

Wann kommt Oma? _Oma kommt um_ _____

Wann kommt Pepe? _____

Wann kommt Nena? _____

A B C D E F G H I J K L M N O P Q R S T U V W X Y Z

15 a | Wie spät ist es? Hören Sie und schreiben Sie. 🎧 ✏️ CD 2/39–44

1. Es ist fünf Uhr

4. _____

2. _____

5. _____

3. _____

6. _____

15 b | Malen Sie Uhrzeiten. Fragen Sie und antworten Sie. 💬 👥

Wie spät ist es?

Es ist ... Uhr.

Kopieren Sie die Bildkarte oder lassen Sie die TN selbst zeichnen.

16 a | Wann kommt ...? Hören Sie und ergänzen Sie. 🎧 ✏️ CD 2/45–48

1. Der Zug kommt   um sechs.

2. Der Bus kommt   _____

3. Oma kommt   _____

4. Opa kommt   _____

16 b | Wann kommt ...? Fragen Sie und antworten Sie. 💬 👥

Wann kommt der Bus?

Der Bus kommt um halb eins.

Lassen Sie die TN Uhrzeiten auf Karten malen und verwenden Sie für die Verkehrsmittel/Personen die Bildkarten im Lehrwerkservice.

17 | Wie heißen die Fragen und Antworten richtig? Schreiben Sie.

Wie – ist – spät – es – ? _____

Es – zwei – halb – ist –. _____

Oma – kommt – Wann – ? _____

Kommt – Oma – zehn – um –. _____

18a | Lesen Sie ein Wort, Ihre Partnerin / Ihr Partner sucht es.

vier	schwarz	eins		zwei	zehn
rot		braun			fünf
neun	weiß	grau	grün		
drei	acht	blau	sechs	gelb	sieben

18b | Zahl oder Farbe? Ordnen Sie die Wörter.

vier   rot

_____   _____

_____   _____

19a | Lesen Sie und ergänzen Sie.

Es ist _____ Uhr. Der Mann

ist im _____. Er arbeitet als

_____. Wann kommt der Zug?

Der Zug kommt um 10 _____.

19b | Schreiben Sie eine Geschichte
zu den anderen Bildern der Einstiegsseite.

1 | Was sehen Sie? Was kostet das? Sprechen Sie. 💬

Neue Wörter:
der Apfel, der Pfirsich, die Pflaume, das Pfund, die Kartoffel
Zahlen bis 100

- -

Das können Sie sagen:
- Was möchten Sie?   ▪ Ich möchte gern ein Pfund / ein Kilo Äpfel.
- Was kostet die Banane? / Was kosten die Äpfel?   ▪ Die Banane kostet / Die Äpfel kosten … Euro.

Pf A B C D E F G H I J K L M N O P Q R S T U V W X Y Z

Pf…	…pf…	Pf…

CD 2/49

2 | Schreiben Sie. ✎

Pf pf pf

Pf   Pf

pf   pf

Pflaume

3 | Lesen Sie und schreiben Sie. 📖 ✎

die Pflaume   der Pfirsich   der Apfel   der Pfeffer   das Pfund

4 | Lesen Sie. 📖

Ich kaufe Pflaumen.   Salz und Pfeffer stehen auf dem Tisch.
Die Äpfel kosten einen Euro.   Ich möchte ein Pfund Zwiebeln.

5a | Pf oder F? Hören Sie und sprechen Sie nach. 👂 💬 CD 2/50

5b | Pf/pf oder F/f? Hören Sie und ergänzen Sie. 👂 ✎ CD 2/50

___irsich   A___el   Ko___

___oto   Ta___el   ___uß

___und   To___   ___laume

A B C D E F G H I J K L M N O P Q R S T U V W X Y Z

6a | Obst und Gemüse. Lesen Sie und ordnen Sie zu.

die Ananas • der Apfel • die Banane • die Erdbeere •
die Kartoffel • die Paprika • der Pfirsich • die Pflaume •
der Salat • die Tomate • die Zitrone • die Zwiebel

6b | Noch mehr Obst und Gemüse. Sammeln Sie.

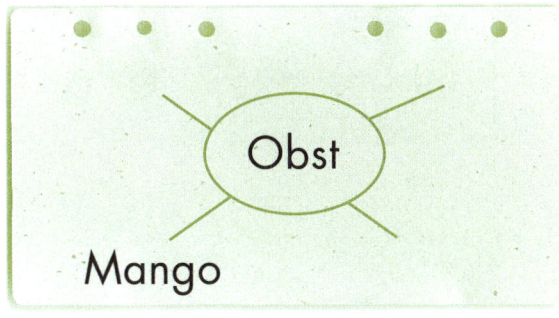

Obst

Mango

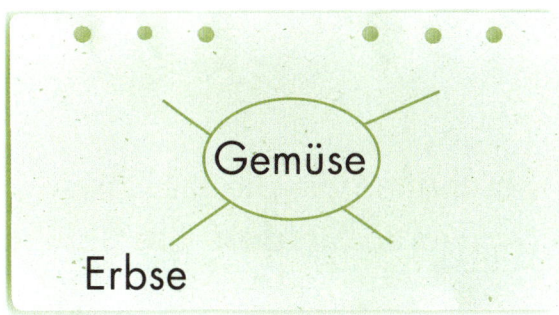

Gemüse

Erbse

7 | Hören Sie und ergänzen Sie. CD 2/51

Pfl_m_   _ir_ich   Pa_ri_a   S_l_t

A__el   K_rt_ffe_   Zw_bel   Z_tron_

8a | Lesen Sie. Markieren Sie dann farbig
der, die bzw. die und schreiben Sie. 📖 ✏️

der	Apfel	_der Apfel_	die	Äpfel	_die Äpfel_
die	Paprika		die	Paprika	
die	Banane		die	Bananen	
die	Pflaume		die	Pflaumen	
die	Ananas		die	Ananas	
die	Zitrone		die	Zitronen	
die	Zwiebel		die	Zwiebeln	
die	Kartoffel		die	Kartoffeln	
der	Pfirsich		die	Pfirsiche	
der	Salat		die	Salate	

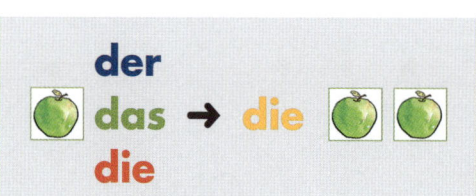

der
das → die
die

8b | Beschriften Sie die Bildkarten. ✏️
Markieren Sie der, die bzw. die mit Farben.

9a | Lisa und Alex auf dem Markt. Lesen Sie. 📖

Lisa und Alex gehen einkaufen.
Lisa möchte Ananas und Bananen.
Alex möchte Äpfel, Pfirsiche und Pflaumen.
Sie kaufen ein Kilo Äpfel, ein Kilo Bananen, eine Ananas,
vier Pfirsiche und ein Pfund Pflaumen.

9b | Welcher Einkaufszettel passt? Lesen Sie und kreuzen Sie an. 📖

Äpfel
Ananas
Tomaten
Bananen

☐

Ananas
Pflaumen
Äpfel
Erdbeeren

☐

Äpfel
Bananen
Ananas
Pfirsiche
Pflaumen

☐

10 | Wie heißen die Wörter? Schreiben Sie. ✏️

Ap Zi tro ~~fel~~ ne   Apfel _____   _____

Ba na Pflau ne me   _____   _____

Erd To bee re ma te   _____   _____

Kar tof A na fel nas   _____   _____

Sa Pa pri lat ka   _____   _____

13 | Auf dem Markt

11 | Was möchten die Personen?
Hören Sie und kreuzen Sie an. 👂 CD 2/52–54

1 ☐ Paprika   ☐ Tomaten   ☐ Äpfel   ☐ Kartoffeln
2 ☐ Bananen   ☐ Zitronen   ☐ Pflaumen   ☐ Zwiebeln
3 ☐ Pfirsiche   ☐ Tomaten   ☐ Salat   ☐ Bananen

12a | Schreiben Sie einen Einkaufszettel wie im Beispiel. ✏️

1 Kilo Äpfel
1 Pfund Erdbeeren
1 Kilo Pfirsiche

_____
_____
_____

12b | Fragen Sie und antworten Sie. 💬 👥

Was möchten Sie?

Ich möchte ein Kilo Äpfel …

Schon fertig? ✏️
Schreiben Sie Ihren
Einkaufszettel für heute.

13a | Zahlen. Hören Sie und
lesen Sie leise mit. Sprechen Sie dann. 👂 📖 💬 CD 2/55

10 11 12 13 14 15 16 17 18 19 20 21 22

13b | Lesen Sie und schreiben Sie. 📖 ✏️

elf 11   fünf zehn   neun zehn
zwölf 12   sech zehn   zwan zig
drei zehn 13   sieb zehn   ein und zwanzig
vier zehn   acht zehn   zwei und zwanzig

A B C D E F G H I J K L M N O P Q R S T U V W X Y Z

14a | Zahlen. Hören Sie und
lesen Sie leise mit. Sprechen Sie dann. 👂 📖 💬 CD 2/56

10   20   30   40   50   60   70   80   90   100

14b | Hören Sie und schreiben Sie. 👂 ✏️ CD 2/57

80 90

15 | Hören Sie und ergänzen Sie. 👂 ✏️ CD 2/58–59

| Hilfestellung |
| Track 58: Zahlen 1–25 |
| Track 59: Zahlen 26–50 |

1	2			5		7	8		10
11	12	13			16			19	20
21		23	24			27	28		30
	32			35	36				40
		43		45				49	50

16 | Was kostet das? Lesen Sie und schreiben Sie. 📖 ✏️

Rechnung	
	EUR
Äpfel	1,89
Zitrone	0,69
Kartoffeln	2,79
Ananas	2,99
Salat	0,49
Pfirsiche	2,49
Zwiebel	0,59
Summe EUR	11,93

Vielen Dank für Ihren
Einkauf!

1 Was kostet die Zitrone?
2 Was kostet der Salat?
3 Was kostet die Zwiebel?
4 Was kostet die Ananas?

5 Was kosten die Äpfel?
6 Was kosten die Pfirsiche?
7 Was kosten die Kartoffeln?

1 Die Zitrone kostet 0,69 €.
2 Der Salat kostet 0,49 €.

🍏 Der Apfel kost**et** …
🍏🍏 Die Äpfel kost**en** …

17 a | Auf dem Markt. Was kostet das? Sprechen Sie. 💬

> Was kostet die Ananas?

> Die Ananas kostet 2,99 Euro.

17 b | Hören Sie und lesen Sie. 👂 📖 CD 2/60

- Guten Tag. Was möchten Sie, bitte?
- Guten Tag. Was kosten die Äpfel?
- Ein Kilo Äpfel kostet 1,60 €.
- Ein Kilo Äpfel, bitte.
- Das macht 1,60 €.
- Bitte schön.
- Danke. Auf Wiedersehen.

17 c | Spielen Sie Verkaufsgespräche. 💬 👥

Verwenden Sie die Bildkarten im Lehrwerkservice.

> Guten Tag. Was kosten die Pfirsiche?

Schon fertig? ✏️
Beschriften Sie das Bild auf Seite 103.

1 | Was sehen Sie? Beschreiben Sie die Personen. 💬

Neue Wörter:
jung – alt, dick – dünn, groß – klein, lang – kurz
das Auge / die Augen, das Haar / die Haare
das Hemd, die Hose, die Jacke, der Pullover, der Rock, die Schuhe; der Mann, die Frau, das Kind

Das können Sie sagen:
• Der Mann / Die Frau / Das Kind ist jung/alt, groß/klein, dick/dünn.
− Seine/Ihre Haare sind lang/kurz. Seine/Ihre Haare/Augen sind braun/…
▪ Er/Sie ist … Jahre alt.

ck A B C D E F G H I J K L M N O P Q R S T U V W X Y Z

...ck...

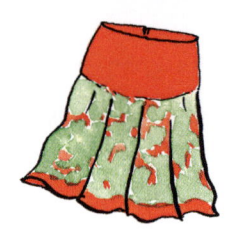
...ck

...ck

CD 2/61

2 | Schreiben Sie.

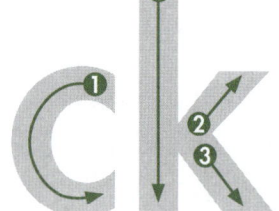

ck ck ck

Jacke

3 | Lesen Sie und schreiben Sie.

die Jacke der Rock das Stück das Frühstück
schmecken dick schick lecker

4 | Lesen Sie. 📖

Der Rock ist schick.
Die Jacke ist dick.

Ich esse ein Stück Kuchen.
Das Brot schmeckt lecker.

5a | ck oder ch? Hören Sie und sprechen Sie nach.   CD 2/62

5b | ck oder ch? Hören Sie und ergänzen Sie.   CD 2/62

Da_____   Stü_____   Ro_____

Ja_____e   Ku_____en   Na_____t

A B C D E F G H I J K L M N O P Q R S T U V W X Y Z

6 | Lesen Sie und ordnen Sie zu.

dick • jung • klein • alt • lang • kurz • dünn • groß

  jung

 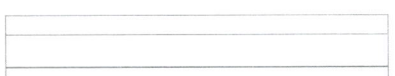  

   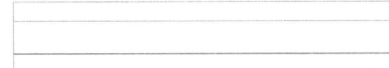

7 | Hören Sie und ergänzen Sie. CD 2/63

d_nn   k_rz   j_ng   d_ck

kl_n   l_ng   gr_ß   _lt

8 | Schreiben Sie Sätze.

1 Der Mann ist dünn.   4 _____.

2 _____.   5 _____.

3 _____.   6 _____.

9a | Wie alt …? Lesen Sie und schreiben Sie. 📖 ✏️

Wie alt ist der Mann?

   Er ist _70_ Jahre alt.

   _____

Wie alt ist die Frau?

> er = der Mann
> sie = die Frau

   Sie ist 50 _____

_____

9b | Wie alt ist …? Fragen Sie und antworten Sie. 💬 👥

> Verwenden Sie die Bildkarten im Lehrwerk-service. Kärtchen mit plausiblen Alters-angaben können die TN selbst gestalten.

Wie alt ist der Baum?      30   Der Baum ist 30 Jahre alt.

Schon fertig? ✏️
Wie alt ist Ihre Mutter / Ihr Vater / Ihre Tochter / Ihr Sohn? Schreiben Sie.

Meine Mutter _____ .

A B C D E F G H I J K L M N O P Q R S T U V W X Y Z

10a | Welche Farben kennen Sie? Schreiben Sie. ✏️

rot _____   _____   _____

_____   _____   _____

10b | Welche Augenfarben gibt es in Ihrem Kurs? Schreiben Sie. ✏️

braun

10c | Welche Farben haben die Haare? 📖 ✏️
Lesen Sie und ordnen Sie zu.

braun • schwarz • blond • grau

11 | Welches Wort beginnt mit b/r/g? 🎧 CD 2/64–66
Hören Sie und kreuzen Sie an.

b ☐   ☐   ☐

r ☐   ☐   ☐

g ☐   ☐   ☐

12 | Wer bin ich? Lesen Sie und ordnen Sie zu. 📖

1 Meine Haare sind lang und blond. Meine Augen sind grau.
2 Meine Haare sind kurz und braun. Meine Augen sind blau.
3 Meine Haare sind lang und schwarz. Meine Augen sind grün.
4 Meine Haare sind kurz und rot. Meine Augen sind braun.

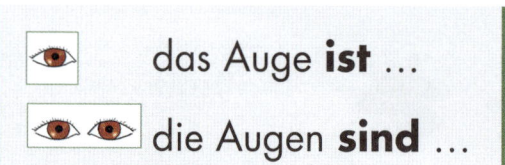

das Auge **ist** …

die Augen **sind** …

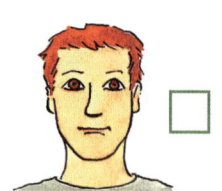

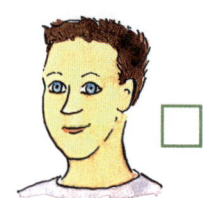

13 | Kleidung. Lesen Sie und schreiben Sie. 📖 ✏️

das Hemd

die Jacke

die Hose

der Pullover

der Rock

die Schuhe

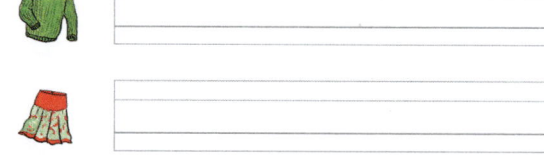

14 | Wer ist das? Lesen Sie und schreiben Sie den Namen.

Sabine

Stefan

Frau Weber

1 Ihre Haare sind lang und braun. Ihr Pullover ist grün.
Ihr Rock ist grau. Ihre Schuhe sind rot.

Wer ist das? _Das ist_

2 Er ist groß. Seine Haare sind kurz und blond.
Seine Jacke ist weiß. Seine Hose ist blau. Seine Schuhe sind braun.

Wer ist das? _____

3 Sie ist jung. Ihre Haare sind kurz und schwarz.
Ihr Pullover ist gelb. Ihre Hose ist rot.
Ihre Schuhe sind schwarz.

Wer ist das? _____

15 | Bringen Sie Bilder von bekannten Personen mit
und hängen Sie sie im Kursraum auf. Beschreiben Sie eine Person.

Sie/Er ist …
Die Haare sind …
Die Augen sind …
Der Rock/Pullover ist …
Das Hemd ist …
Die Hose ist …

Daniel Brühl

Erweiterung zum Ratespiel:
Beschreibungen in Partnerarbeit
schreiben lassen, einsammeln
und an ein anderes Paar im Kurs
geben. Im Anschluss muss jedes
Paar die zu ihrer Beschreibung
passende bekannte Person finden.

16 | Beschreibungen: Hören Sie mehrmals und schreiben Sie.   CD 2/67–69

1 　　　**2** 　　　**3**

Wie alt?

45　　　＿＿＿　　　＿＿＿

Welche Haarfarbe?

rot　　　＿＿＿　　　＿＿＿

Welche Augenfarbe?

braun　　　＿＿＿　　　＿＿＿

Welche Kleidung?

Hose

Hemd

17 | Wer ist das? Fragen Sie und antworten Sie.

> Seine Haare sind …
> Seine Augen sind …

> Ihre Haare sind …
> Ihre Augen sind …

> Das ist …!

 **seine** Haare / **seine** Augen

 ihre Haare / **ihre** Augen

> Gruppe 1 beschreibt eine Person aus Gruppe 2. Gruppe 2 rät, um wen es geht.

1 | Was sehen Sie? Sprechen Sie. 💬

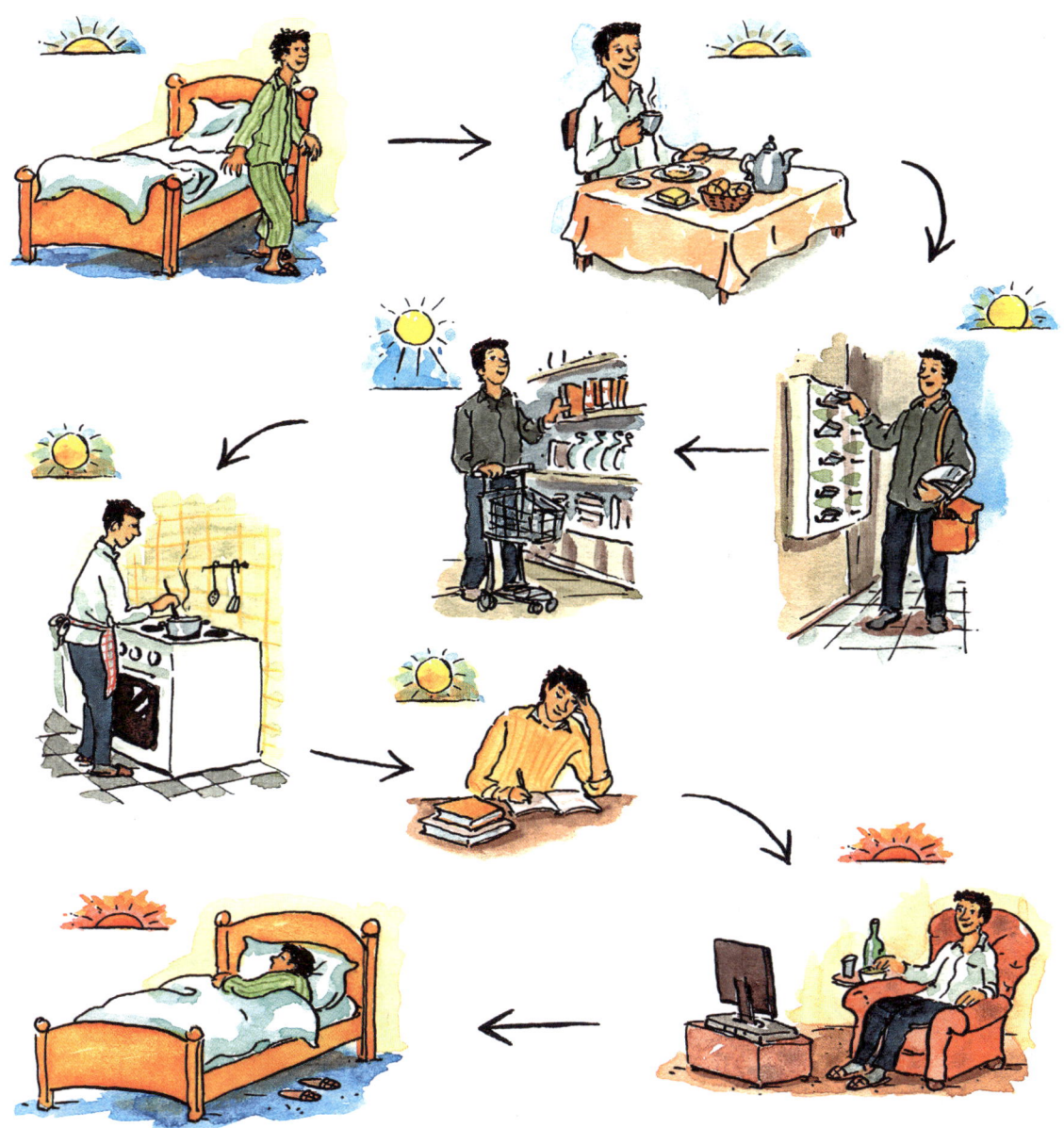

Neue Wörter:
arbeiten, aufstehen, einkaufen, fernsehen, kochen, lernen, schlafen
am Morgen, am Vormittag, am Mittag, am Nachmittag, am Abend

Das können Sie sagen:
• Was machen Sie am Morgen/Vormittag/Mittag/Nachmittag/Abend?
– Ich esse. Ich schlafe. Ich arbeite. Ich koche. Ich lerne. Ich kaufe ein. Ich sehe fern.

...äu...   ...äu...   ...äu...

CD 2/70

2 | Schreiben Sie. ✏️

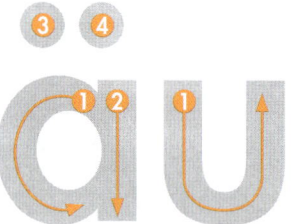

äu *äu äu*

Häuser

3 | Lesen Sie und schreiben Sie. 📖 ✏️

das Haus die Häuser der Baum die Bäume der Raum die Räume

4 | Lesen Sie. 📖

Die Bäume sind grün.   Die Häuser sind groß.
Die Räume sind klein.

5a | Äu oder Au? Hören Sie und sprechen Sie nach. 👂 💬 CD 2/71

5b | äu oder au? Hören Sie und ergänzen Sie. 👂 ✏️ CD 2/71

H___s   B___m   R___m
H___ser   B___me   R___me

A B C D E F G H I J K L M N O P Q R S T U V W X Y Z

6a | Lesen Sie. 📖

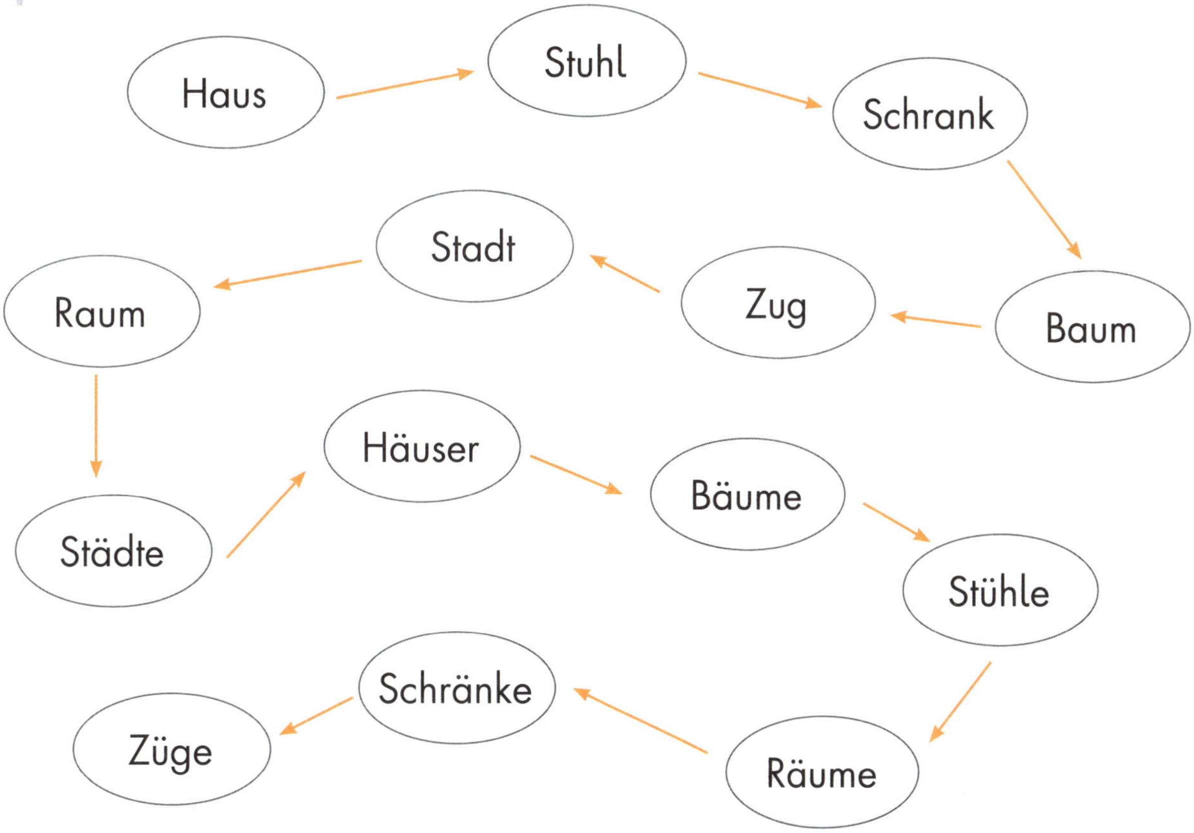

Haus → Stuhl → Schrank

Raum ← Stadt ← Zug ← Baum

Raum → Städte → Häuser → Bäume → Stühle

Züge ← Schränke ← Räume ← Stühle

6b | Was gehört zusammen? Schreiben Sie.

das Haus – die Häuser

6c | Hören Sie und sprechen Sie nach. 👂 💬 CD 2/72

7 | Schreiben Sie Sätze. ✏️

Das Haus **ist** alt. – Die Häuser **sind** alt.

8 | Lesen Sie und ordnen Sie zu.

schlafen • aufstehen • einkaufen • kochen • fernsehen •
essen • ~~arbeiten~~ • lernen

 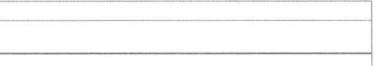   arbeiten    _____

 _____    _____

 _____    _____

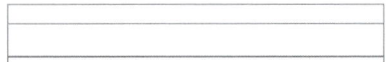 _____   _____

9 | Lesen Sie und schreiben Sie.

am Abend • am Mittag • am Vormittag • am Nachmittag •
am Morgen

   am Morgen      a_ V_ rmi_ _ag

   am _itta_      _ _ A_ en_

   _m Na_ _mitt_ g

A B C D E F G H I J K L M N O P Q R S T U V W X Y Z

10a | Monas Tag. Lesen Sie und ergänzen Sie. 📖 ✏️

Am Morgen stehe ich auf.
Am Vormittag lerne ich Deutsch.
Am Mittag koche ich.
Am Nachmittag arbeite ich.
Am Abend sehe ich fern.

Am Morgen _____ steht Mona auf.

_____ lernt sie Deutsch.

_____ kocht sie.

_____ arbeitet sie.

_____ sieht sie fern.

10b | Pauls Tag. Lesen Sie und kreuzen Sie an. 📖

Am Morgen schlafe ich.
Am Vormittag kaufe ich ein.
Am Mittag esse ich.
Am Nachmittag schlafe ich.
Am Abend arbeite ich.

	richtig	falsch
Am Morgen schläft Paul.	☐	☐
Am Vormittag isst er.	☐	☐
Am Mittag schläft er.	☐	☐
Am Nachmittag kauft er ein.	☐	☐
Am Abend arbeitet er.	☐	☐

11 | Was machen die Personen? Hören Sie und schreiben Sie.   CD 2/73–75

 1 *Ich kaufe ein.* _____

 2 _____ _____

 3 _____ _____

12 | Ziehen Sie eine Karte. Fragen Sie und antworten Sie.

> Verwenden Sie alle
> Bildkarten aus dem
> Lernwerkservice
> zu Lektion 15.

> Was machen Sie
> am Morgen?

> Ich lerne.

lernen – ich lern e
einkaufen – ich kauf e ein

13 | Mein Tag.
Gestalten Sie eine Seite
und präsentieren Sie sie.

14a | W-Fragen. Lesen Sie und ordnen Sie zu.

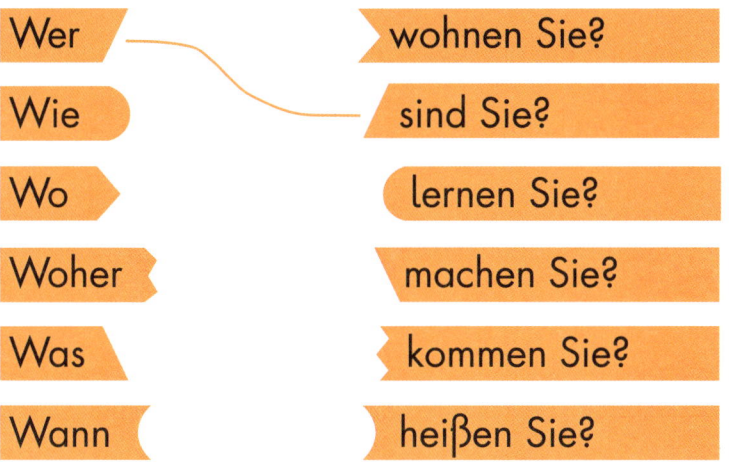

Wer	wohnen Sie?
Wie	sind Sie?
Wo	lernen Sie?
Woher	machen Sie?
Was	kommen Sie?
Wann	heißen Sie?

> Variante: Schreiben Sie die Frageteile auf Karten und geben Sie ihren TN je ein „Puzzle-Stück". Die TN gehen in der Klasse herum und suchen ihren Partner mit dem passenden Teil. Haben sich zwei Partner gefunden, lesen sie die Frage vor und die anderen TN antworten.

14b | Schreiben Sie Fragen und Antworten.

Wer sind Sie? Ich bin …

15 | Fragewort-Würfel. Fragen Sie und antworten Sie.

Wo wohnen Sie?

Ich wohne in Frankfurt.

16 | Suchen Sie im Buch nach Fragesätzen. Schreiben Sie.

Was sind die Personen von Beruf?

17 | Suchen Sie acht Wörter. Schreiben Sie. 🔍 ✏️

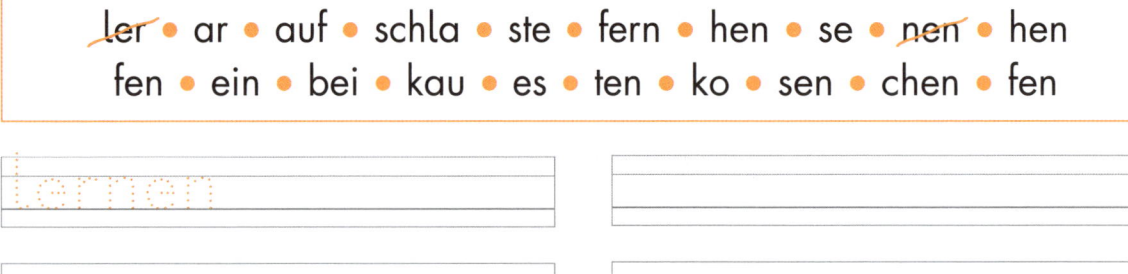

| ~~ler~~ • ar • auf • schla • ste • fern • hen • se • ~~nen~~ • hen |
| fen • ein • bei • kau • es • ten • ko • sen • chen • fen |

lernen

---

18 | Satzpuzzle. Schreiben Sie vier Sätze und tauschen Sie. ✏️

Am Morgen ┊ **lernt** ┊ **Hoa** ┊ **Deutsch.**

> Teilen Sie den Kurs in Gruppen. Jede Gruppe schreibt Sätze, zerschneidet sie und gibt sie an die nächste Gruppe weiter. Diese setzt die Sätze wieder zusammen.

---

19 | Lesen Sie die Texte in Aufgabe 10a und b. Beantworten Sie die Fragen. 📖 ✏️

Wann lernt Mona?   *Am Vormittag*

Wann kocht Mona?

Wann arbeitet Mona?

Wann kauft Paul ein?

Wann arbeitet Paul?

┌ ─ ┐
Schon fertig? Beschriften Sie das Bild auf Seite 119.
└ ─ ┘

1 | Was macht die Frau gern?
Was macht sie nicht gern? Sprechen Sie.

Neue Wörter:
Fußball spielen, lesen, Musik hören, Sport machen, spazieren gehen, tanzen

- -

Das können Sie sagen:
• Was machen Sie gern / nicht gern?   ▪ Ich tanze gern. / Ich tanze nicht gern. …
▲ Tanzen Sie gern? …   – Ja./Nein.

Sp A B C D E F G H I J K L M N O P Q R S T U V W X Y Z

Sp…

sp…

sp…

CD 2/76

2 | Schreiben Sie. 🖊

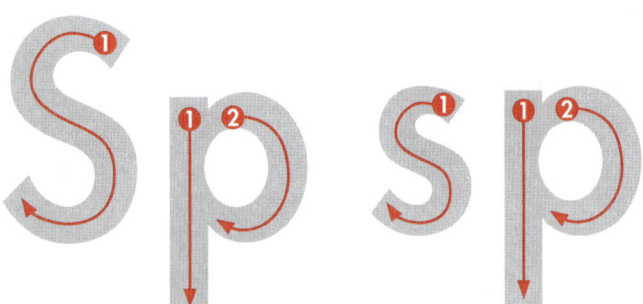

Sp Sp

sp sp

Sport

3 | Lesen Sie und schreiben Sie. 📖 🖊

Sport Sprache Spaß sprechen spielen spazieren

4 | Lesen Sie. 📖

Ich mache Sport.
Sie spielt Fußball.

Spielen macht Spaß.
Wir sprechen Deutsch.

5a | Sp oder Sch? Hören Sie und sprechen Sie nach. 👂 💬 CD 2/77

5b | sp oder sch? Hören Sie und ergänzen Sie. 👂 🖊 CD 2/77

___ielen   ___ort   ___rache

___reiben   ___ule   ___lafen

Y...

...y

...y

CD 2/78

6 | Schreiben Sie.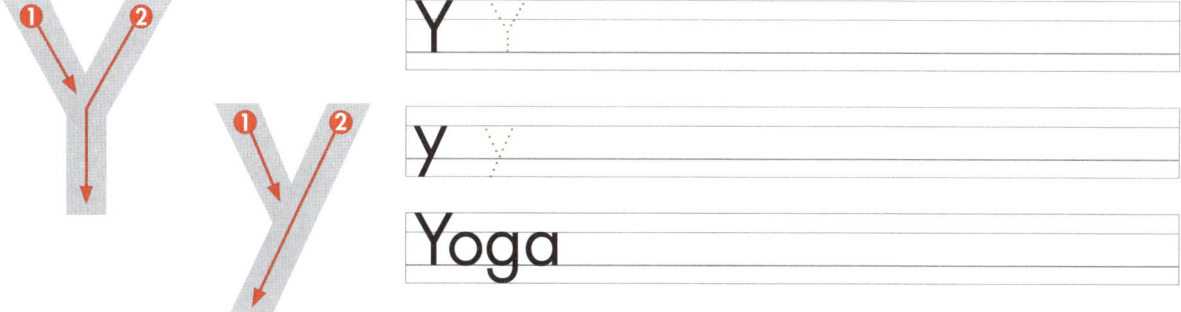

Y _Y_

y _y_

Yoga

7 | Lesen Sie und schreiben Sie.

Yoga Hobby Handy Party

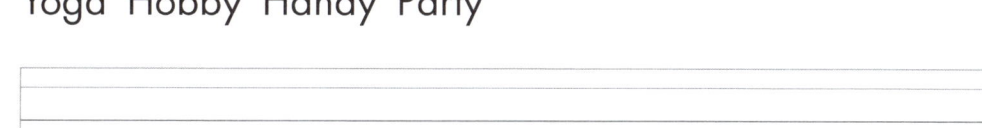

8 | Lesen Sie.

Ich mache Yoga.   Ich habe ein Handy.
Mein Hobby ist Tanzen.   Lilly macht eine Party.

9 | Ergänzen Sie die fehlenden Buchstaben.

Lill__ m__cht ein__ Part__.

W__r __rechen Deut_____.

S____ __ielt Fu__ball. I__ mach__ __oga.

10 | Lesen Sie und ordnen Sie zu. 📖 ✏️

> Sport machen • Fußball spielen • tanzen • Musik hören •
> spazieren gehen • lesen

11a | Lesen Sie und schreiben Sie Sätze mit *nicht* wie im Beispiel. 📖 ✏️

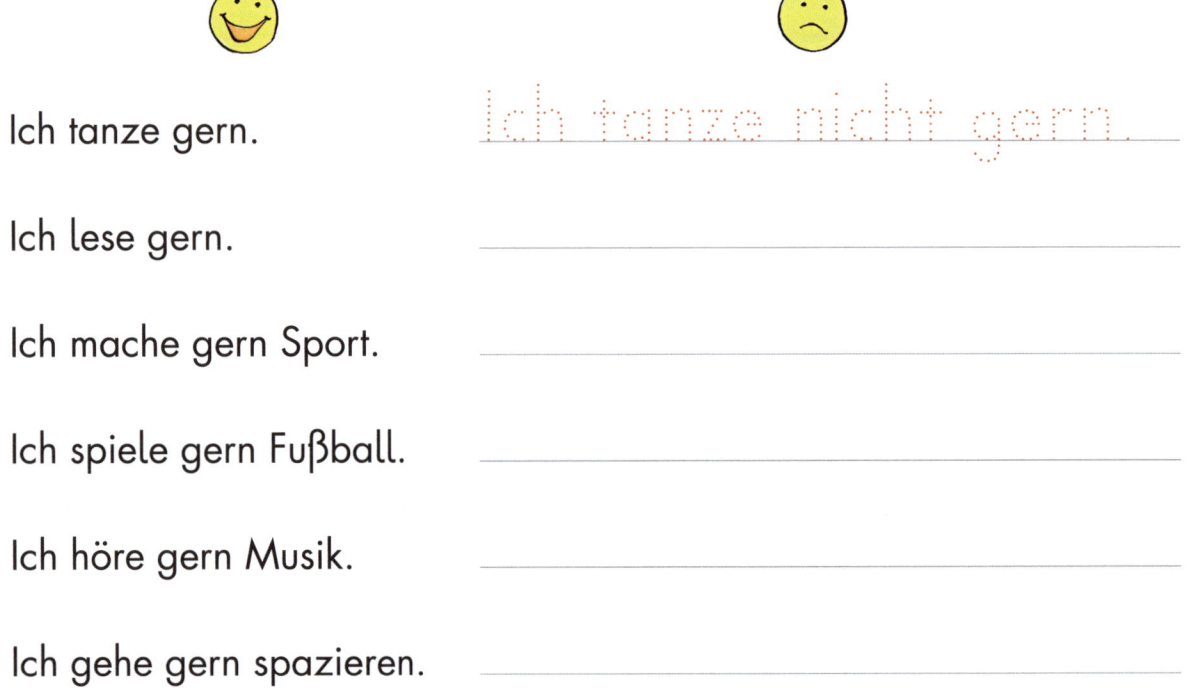

Ich tanze gern.   *Ich tanze nicht gern.*

Ich lese gern.

Ich mache gern Sport.

Ich spiele gern Fußball.

Ich höre gern Musik.

Ich gehe gern spazieren.

> Schon fertig? ✏️
> Ergänzen Sie ein Wort mit Y auf Seite 72.

11 b | Was machen Sie gern / nicht gern? Notieren Sie.

_____   _____

_____   _____

_____   _____

> Helfen Sie den TN, weitere
> Hobbys aufzuschreiben.

11 c | Fragen Sie und antworten Sie.

> Was machen Sie gern?

> Ich höre gern Musik.

> Was machen Sie nicht gern?

12 | Lesen Sie und ergänzen Sie.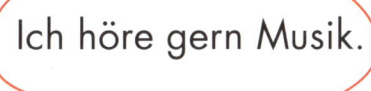

mach : en		spiel : en

ich mache   ich spiel__

du machst   du spiel__

er macht   er spiel__

sie macht   sie spiel__

13 | Schreiben Sie Karten und legen Sie Sätze.

ich	mach	e
du	spiel	st
er	geh	t
sie	hör	t

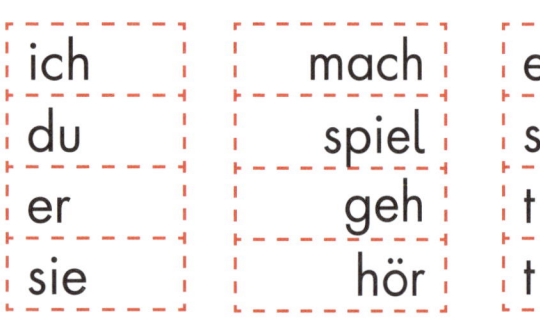

Die TN schreiben die ersten drei Personalpronomen auf je eine Karte, dann viermal einen Verbstamm (gleicher oder unterschiedlicher Verben) auf weitere Karten und die Verbendungen auf weitere Karten. Sie mischen die Karten und legen immer drei passende Karten zusammen.

14 | Ergänzen Sie.

spielen – Ich _____ Fußball.

machen – Du _____ Sport.

tanzen – Er _____ am Abend.

gehen – Sie _____ spazieren.

15 | Gruppenspiel: Was machen Sie gern?

Vorentlastung: Sammeln Sie die Hobbys der TN in einem Assoziogramm an der Tafel. Verteilen Sie im Raum Wörter wie Fußball spielen, tanzen, Musik hören und andere, von den TN genannte Freizeitaktivitäten. Die TN stehen auf und sagen ihr Hobby, z. B. „Ich lese gern." Dann gehen sie zu dem entsprechenden Wort.

Ich lese gern.

16a | Rami, Sara und Sascha. Lesen Sie. 📖

1 Ich heiße Rami. Ich bin 45 Jahre alt.
Ich wohne in Hamburg und bin Taxifahrer von Beruf.
Ich höre gern Musik und gehe gern spazieren.

2 Ich heiße Sara. Ich bin 16 Jahre alt.
Ich wohne in Hamburg und gehe zur Schule.
Ich mache gern Sport und lese gern.

3 Ich heiße Sascha. Ich bin 19 Jahre alt.
Ich wohne in Hamburg und arbeite im Café.
Ich spiele gern Fußball und tanze gern.

16b | *ja* oder *nein*? Lesen Sie die Fragen und kreuzen Sie an. 📖

	ja	nein
1 Wohnt Rami in Bremen?	☐	☐
Hört Rami gern Musik?	☐	☐
Geht Rami gern spazieren?	☐	☐
2 Geht Sara zur Schule?	☐	☐
Wohnt Sara in Berlin?	☐	☐
Macht Sara gern Sport?	☐	☐
3 Tanzt Sascha gern?	☐	☐
Arbeitet Sascha in der Schule?	☐	☐
Spielt Sascha gern Fußball?	☐	☐

17 a | Was machen die Personen gern / nicht gern?
Hören Sie und schreiben oder zeichnen Sie. 👂 ✏️ CD 2/79–80

	Anne	Max
1 Fußball spielen	☹ _____	_____
2 tanzen	_____	_____

17 b | Schreiben Sie Sätze. ✏️

> Anne spielt nicht gern Fußball.

Schon fertig? ✏️
Schreiben Sie Sätze zu Seite 127.

> Die Frau geht gern spazieren.

18 | Ziehen Sie eine Karte. Fragen Sie und antworten Sie. 👥 💬

Verwenden Sie die Bildkarten im Lehrwerkservice und die Kopier-vorlagen mit den Fragen.

Tanzen Sie gern?

Nein, ich tanze nicht gern.

19 | Das bin ich. Ergänzen Sie. ✏️

Das bin ich

Ich _____ gern.

_____ .

_____ .